파이썬 프로그래밍 핵심

전희성 지음

UUP

파이썬 프로그래밍 핵심

■

- 2021년 02월 16일 **초판 인쇄**
- 2021년 02월 23일 **초판 발행**
- **지은이** 전희성
- **펴낸이** 오연천
- **펴낸곳** **UUP.**(울산대학교출판부) 680-749 울산광역시 남구 대학로 93(무거동) 울산대학교 출판부
- 전화 (052)259-2488 팩스 (052)277-3011 ▪ **홈페이지** http://uup.ulsan.ac.kr
- **출판등록** 제370-1996-000001호(1996.3.13)
- ₩ 13,000

■

이 책은 2019년 울산대학교 연구비를 지원받아 출판되었습니다.

ISBN 978.89.7868.984.7 (93560)

서 문

파이썬은 요즈음 가장 인기있는 프로그래밍 언어이다. 파이썬은 데이터 과학, 영상처리, 인공지능, 머신 러닝 등의 분야에서 많이 사용되고 있는 데, 이렇게 인기있는 이유는 그 전의 다른 언어에 비해 배우기 쉽고 사용하기도 쉽기 때문이다. 문제를 쉽고 빠르게 해결해 주는 생산성도 높은 편이다.

시중에 파이썬 프로그래밍을 다루는 책들이 많이 나와 있지만, 필요 이상의 분량으로 장황하게 기술된 책이 많다. 핵심이 되는 내용을 간결하게 기술한 책이 필요하다고 생각해 이 책을 쓰게 되었다. 파이썬 프로그램을 만드는 방법에 대해 다음과 같이 총 10개의 장에 나누어 기술되어 있다.

제 1 장 컴퓨터의 구성요소와 파이썬 언어의 설치 및 간단히 소개한다.

제 2 장 프로그램을 구성하는 핵심 요소를 배우고 여러 자료형과 연산자에 대해 공부한다.

제 3 장 조건문과 반복문을 포함한 프로그램의 제어문에 대해 배운다.

제 4 장 파이썬에서 다루는 여러 자료구조인 문자열, 리스트, 튜플, 딕셔너리, 집합(세트)에 대해 배운다.

제 5 장 함수에 대해 설명하고, 지역변수와 전역변수의 차이점과 재귀호출함수에 대해서도 공부한다.

제 6 장 객체지향 프로그래밍과 클래스에 대해 배운다

제 7 장 여러 모듈과 패키지에 대해 공부한다.

제 8 장 예외처리 방법과 파일 입출력 방법에 대해 공부한다.

제 9 장 터틀 그래픽스와 tkinter에 대해 배운다.

제 10 장 데이터 사이언스의 기초(넘파이와 matplotlib 등)에 대해 소개한다.

책의 본문에 나오는 내용을 바탕으로 논리적으로 많이 생각하면서 프로그램을 작성하길 희망한다. 쉽게 만들어 지는 프로그램도 간혹 있겠지만, 대부분은 오랜 생각 끝에 나오는 결과물 들이다.

끝으로 이 책이 나오기까지 많은 격려와 도움을 주신 분들께 깊이 감사드린다. 이 책은 한국 TEX학회 여러분들이 수고해 개발한 한글 TEX을 이용해 저자가 직접 조판한 것이다. 이 자리를 빌어 한글 TEX의 개발에 힘써 주신 모든 분들께 감사드린다.

이 책은 2019년 울산대학교 연구비에 의하여 연구되었음을 밝히며 지원에 감사드립니다.

2021년 2월

울산대학교 IT융합학부 교수

전 희 성

차 례

제 4 장 파이썬 자료 구조 … 63

제 5 장 함수의 소개 … 93

제 6 장 객체지향 프로그래밍과 클래스 … 113

그림차례

표 차례

프로그램 차례

제 1 장

파이썬 언어 소개

Contents

이 장에서는 프로그램을 만드는 방법을 배우기 전에 컴퓨터의 구성 요소와 프로그래밍 언어의 종류, 컴퓨터에서 자료가 어떻게 표현되는 가에 대해 이해한다. 그 다음 프로그램을 만드는 언어 중의 하나인 파이썬의 특징과 설치 방법, 사용방법에 대해 간단히 소개한다.

1.1 컴퓨터의 구성요소

컴퓨터는 다양한 여러 종류의 데이터나 정보를 받아들인 후, 계산, 저장 및 처리하여 우리에게 유용한 형태의 데이터와 정보를 제공해 준다. 컴퓨터 시스템은 하드웨어와 소프트웨어가 서로가 결합되어 이런 처리를 가능하게 한다. 즉 컴퓨터는 물리적인 기계장치로 이루어진 하드웨어(hardware)와 하드웨어를 동작시키는 명령을 내리고 자료를 처리하도록 하는 프로그램의 집합인 소프트웨어(software)로 구성된다.

하드웨어

컴퓨터 하드웨어는 크게 연산 및 제어장치, 기억장치, 입출력 장치 등으로 나누어질 수 있다. 이 각각에 대해 알아보자.

연산 및 제어장치

연산 및 제어장치는 컴퓨터의 성능을 좌우하는 가장 핵심적인 구성요소로서 중앙처리장치(CPU, Central Processing Unit)라고 하며 PC의 경우에는 마이크로프로세서가 이에 해당한다.

기억장치

기억장치는 크기와 속도에 따라 주기억장치와 보조기억장치로 나뉜다.

주기억장치는 통상 메모리라고 하며 동작 특성에 따라 기억된 내용을 읽을 수만 있는 읽기 전용 롬(ROM, Read-Only Memory)과 기억된 내용을 읽어낼 수 있을 뿐만 아니라 새로운 내용으로 고쳐 쓸 수 있는 읽기/쓰기 메모리인 램(RAM, Random Access Memory)으로 구분한다.

보조기억장치는 대량의 데이터를 오래 동안 보존하기 위해 사용하며 플로피 디스크(Floppy Diskette)(요즈음은 usb 메모리로 대체됨), 하드디스크(Hard Disk) 등이 모두 보조기억장치이다.

입출력장치

데이터를 받아들이는 장치를 입력장치라 하며 키보드(keyboard), 마우스(mouse), 터치패드(touch pad), 스캐너(scanner) 등이 이에 속한다. 또한 데이터를 내보내는 장치에는 모니터(monitor), 프린터(printer) 등이 있는 데 이를 출력장치라 한다.

소프트웨어

컴퓨터 소프트웨어는 컴퓨터 하드웨어를 동작시키기 위해 필요한 여러 종류의 프로그램을 말하며 크게 시스템 소프트웨어(system software)와 응용 소프트웨어(application software)로 나눈다.

시스템 소프트웨어

컴퓨터를 동작시키고 이용하는데 근본적으로 필요한 프로그램이 시스템 소프트웨어인데 운영체제가 대표적인 시스템 소프트웨어이다. 운영체제는 컴퓨터라는 물체에 생명력을 불어넣는 역할을 수행하는 필수적인 프로그램이다. 운영체제는 컴퓨터 동작에 필수적으로 관련된 모든 기본적인 처리들, 예를 들면 CPU 등의 컴퓨터 장치를 제어하는 일, 메모리 등의 장치를 효율적으로 관리하는 일, 키보드 등과 같은 입력장치를 통해 입력하는 일, 출력장치인 프린터나 모니터 등에 출력하는 일, 보조 기억장치들을 관리하는 일 등을 처리한다.

응용 소프트웨어

문서 작성, 숫자 등 자료의 계산과 관리, 그래픽 처리, 통신, 게임 등과 같이 사용자가 원하는 특정한 목적을 이루기 위해 만들어진 프로그램들이 이 종류에 속한다.

1.2 프로그래밍 언어

프로그래밍 언어(programming language)는 사람이 원하는 것을 컴퓨터로 실행시키기 위해 만든 것으로, 사람과 컴퓨터가 이해할 수 있는 언어다.

프로그래밍(programming)은 컴퓨터에서 동작이 가능한 프로그램을 만드는 과정을 말하며 프로그래밍 언어를 사용하여 프로그램을 만든다. 프로그램을 만드는 사람을 프로그래머(programmer)라 한다.

프로그램을 만드는 언어는 여러 종류가 있는 데, 보통 고급언어(high level language)와 저급언어(low level language)로 나뉜다. 구분하는 기준은 얼마나 사람 또는 컴퓨터에 가까운 가에 따른다. 사람에 가까우면 고급어, 컴퓨터에 가까우면 저급어라 한다.

고급언어

고급언어는 사람이 이해하기 쉽도록 만들어진 언어로, 이에 속하는 언어에는 파이썬, C, C++, 자바, 코볼 등이 있다. (C 언어는 고급언어와 저급언어의 특성을 모두 가지고 있기 때문에 중급언어라고 하기도 한다.)

저급언어

저급언어는 컴퓨터에 가까운 언어인데 기계어와 어셈블리어 등이 있다.

프로그래밍 언어를 배우는 이유

단순히 하나의 기술로 배우는 것보다, 논리적인 사고를 표현하기 위해 프로그래밍 언어를 배우는 것이 좋다. 스티브 잡스는 '프로그램이 생각을 어떻게 해야 하는 지 가르쳐 주기 때문에 프로그램을 배우는 것이 좋다'고 말했다.

1.3 컴퓨터에서 자료의 표현

우리가 일상 생활에서 사용하는 정보는 문자, 숫자, 소리, 영상 등이 미리 약속한 형태로 표현된 것이다. 그러면 컴퓨터의 내부에서는 이런 정보가 어떻게 표현되고 처리될까? 컴퓨터로 정보를 처리하고, 저장 및 전송을 하기 위해서는 정보를 표현하는 방법이 필요한데 이 방법에 대해 알아보자.

비트와 바이트

컴퓨터의 내부에서 처리되는 정보는 전압의 낮고 높음에 따라 0과 1로 표시된다. 이때 0과 1의 두 수만을 표현하는 1자리의 2진수를 컴퓨터에서 표현할 수 있는 자료의 최소 단위인 **비트**(bit, binary digit)라 한다.

비트에는 0과 1만 있으므로 1 비트로는 두 개의 정보를 표현할 수 있고, 2 비트를 사용해 정보를 표현하는 경우에는 00, 01, 10, 11의 4개의 정보를 표현할 수 있다.

8개의 비트가 모인 것을 1 바이트(byte)라 하며 1 바이트로는 최대 256($= 2^8$) 개의 정보를 표시할 수 있다.

문자의 표현

영문자와 기호 등은 어떻게 표현할 수 있을까?

영문자와 기호는 일반적으로 아스키(ASCII, American Standard Code for Information Interchange) 코드를 이용하여 0과 1의 조합으로 표현한다. ASCII는 정보교환을 위한 미국 표준코드[1)]이다. 즉 A는 1000001, a는 1100001 등으로 표시되는 미리 약속한 변환표를 아스키 코드표라 한다. 표 1.1은 10진수와 16진수로 표시한 ASCII 코드표이다.

모든 영문자와 기호는 아스키 코드화되어 컴퓨터에서 이용된다. 영문자와 기호는 그 갯수가 많지 않아 7비트만으로도 충분하지만 한글을 표시하기에는 7비트로는 많이 부족하기 때문에 16비트를 사용하는 별도의 코드체계를 사용한다.

숫자의 표현

숫자는 문자와 기호처럼 코드표를 사용하여 표현하면 비효율적이기 때문에 우리가 사용하는 10진수를 2진수로 변환하여 표현한다. 예를 들어 1 바이트 데이터로 정수를 표현한다면 256개의 정수를 표현할 수 있다. 정수와 실수를 표현하는 방법이 다르나 자세한 내용은 생략한다.

---

1) 자세한 내용은 `http://en.wikipedia.org/wiki/ASCII` 참조

표 1.1: ASCII 코드 표(10진수와 16진수)

0 NUL	1 SOH	2 STX	3 ETX	4 EOT	5 ENQ	6 ACK	7 BEL
8 BS	9 HT	10 NL	11 VT	12 NP	13 CR	14 SO	15 SI
16 DLE	17 DC1	18 DC2	19 DC3	20 DC4	21 NAK	22 SYN	23 ETB
24 CAN	25 EM	26 SUB	27 ESC	28 FS	29 GS	30 RS	31 US
32 SP	33 !	34 "	35 #	36 $	37 %	38 &	39 '
40 (	41)	42 *	43 +	44 ,	45 -	46 .	47 /
48 0	49 1	50 2	51 3	52 4	53 5	54 6	55 7
56 8	57 9	58 :	59 ;	60 <	61 =	62 >	63 ?
64 @	65 A	66 B	67 C	68 D	69 E	70 F	71 G
72 H	73 I	74 J	75 K	76 L	77 M	78 N	79 O
80 P	81 Q	82 R	83 S	84 T	85 U	86 V	87 W
88 X	89 Y	90 Z	91 [	92 \	93]	94 ^	95 _
96 `	97 a	98 b	99 c	100 d	101 e	102 f	103 g
104 h	105 i	106 j	107 k	108 l	109 m	110 n	111 o
112 p	113 q	114 r	115 s	116 t	117 u	118 v	119 w
120 x	121 y	122 z	123 {	124 |	125 }	126 ~	127 DEL

00 NUL	01 SOH	02 STX	03 ETX	04 EOT	05 ENQ	06 ACK	07 BEL
08 BS	09 HT	0A NL	0B VT	0C NP	0D CR	0E SO	0F SI
10 DLE	11 DC1	12 DC2	13 DC3	14 DC4	15 NAK	16 SYN	17 ETB
18 CAN	19 EM	1A SUB	1B ESC	1C FS	1D GS	1E RS	1F US
20 SP	21 !	22 "	23 #	24 $	25 %	26 &	27 '
28 (	29)	2A *	2B +	2C ,	2D -	2E .	2F /
30 0	31 1	32 2	33 3	34 4	35 5	36 6	37 7
38 8	39 9	3A :	3B ;	3C <	3D =	3E >	3F ?
40 @	41 A	42 B	43 C	44 D	45 E	46 F	47 G
48 H	49 I	4A J	4B K	4C L	4D M	4E N	4F O
50 P	51 Q	52 R	53 S	54 T	55 U	56 V	57 W
58 X	59 Y	5A Z	5B [	5C \	5D]	5E ^	5F _
60 `	61 a	62 b	63 c	64 d	65 e	66 f	67 g
68 h	69 i	6A j	6B k	6C l	6D m	6E n	6F o
70 p	71 q	72 r	73 s	74 t	75 u	76 v	77 w
78 x	79 y	7A z	7B {	7C |	7D }	7E ~	7F DEL

영상의 표현

컴퓨터 화면에 보이는 하나의 영상은 바둑판처럼 가로와 세로 방향으로 아주 작은 점(화소라고 함)으로 이루어져 있다. 각 화소는 밝기 또는 색을 가지고 있으며 이들이 모여 영상을 이루게 된다.

흑백(단색) 사진의 경우 각 화소는 보통 1 바이트의 정보를 사용하며, 이 경우 각 화소의 밝기는 256 단계의 밝기 중 하나이다. 컬러 사진의 경우 각 색상을 적색, 녹색, 청색의 세 가지 구성 요소로 표현하며, 한 화소를 나타내기 위해 3 바이트의 정보가 필요하다. 따라서 흑백 이미지는 가로 1024 화소, 세로 768 화소로 이루어진 화면의 경우 1024×768 바이트, 컬러 이미지는 1024×768×3 바이트의 데이터가 필요하다.

1.4 파이썬 언어 소개와 설치

파이썬 언어 소개

파이썬 언어는 1991년에 귀도 반 로섬(Guido van Rossum)이 개발한 대화형 프로그래밍 언어로 처음에는 C 언어 기반으로 개발했으며, BBC에서 방영되던 “Monty Python’s Flying Circus”라는 TV 프로그램의 이름을 따서 지었다고 한다.

파이썬 언어는 다음과 같은 장점이 있다.

- 파이썬은 문법이 쉬운 인터프리터 언어로 초보자도 쉽게 배울 수 있음
- 우수한 자료형과 다양한 모듈, 패키지 등을 제공함
- 개발 기간을 단축할 수 있어 생산성이 좋음
- 애니메이션이나 그래픽을 쉽게 사용할 수 있음
- 비영리의 파이썬 소프트웨어 재단이 관리하는 오픈 소스로 제공됨
- 다양한 플랫폼(여러 운영체제)에서 사용 가능

그러나 다음과 같은 단점도 있다.

- 파이썬은 인터프리터 언어이기 때문에 속도가 느림
- 모바일 컴퓨팅의 지원이 약함
- 하드웨어 제어가 비교적 쉽지 않음

프로그래밍 언어는 크게 컴파일러 언어와 인터프리터 언어의 두 종류로 나눈다.

컴파일러 언어에는 C, C++, Java 등의 언어가 있는 데, 소스코드를 기계어로 번역해 실행하므로 실행속도가 빠르다. 컴파일된 파일은 해당 운영체제에서만 실행 가능하다.

인터프리터 언어에는 파이썬, 베이직 등의 언어가 있는 데, 번역과정 없이 소스코드를 실행할 때 처리하는 것이며 실행 속도가 느리다. 비유하자면 컴파일러 언어는 번역, 인터프리터 언어는 통역과 유사하다.

파이썬을 배우는 이유는 다른 프로그래밍 언어보다 훨씬 간단하고 쉽다는 장점이 있고, 다양한 다른 사람들이 만들어 놓은 많은 모듈, 패키지, 라이브러리를 쉽게 사용할 수 있어 활용 범위가 넓다는 장점이 있어서 미국의 여러 대학 중 파이썬을 기초 프로그래밍 언어로 선택한 대학이 가장 많다.

파이썬은 과학 및 학술 응용 프로그램으로 인기를 얻었으며, Java, C, C++ 와 같은 다른 대중적인 언어보다 간단한 구문을 가지고 있어 배우기가 쉽다. 또한 대화식 환경에서 짧은 파이썬 프로그램을 사용해 볼 수도 있어 간단한 실험과 빠른 처리가 가능하다. 파이썬 프로그램은 Windows, UNIX, Linux, Macintosh 등 컴퓨터 운영체제가 바뀌어도 변경 없이 실행된다는 장점이 있다.

오늘날 많은 프로그래머들은 특정 문제를 해결하는 패키지가 많아서 파이썬을 선택한다 . 컴퓨터 생물학, 기계 학습, 통계, 데이터 시각화 등의 다양한 영역을 다룰 수 있는 많은 파이썬 패키지를 찾을 수 있다. 많은 개발자들이 이런 패키지를 만들어 무료로 배포한다. 패키지를 사용하면 자신의 프로젝트에서 이들의 전문 지식을 활용할 수 있다 . 예를 들어 기계 학습 패키지를 사용하여 데이터에서 원하는 패턴을 찾고, 시각화 패키지를 사용해 결과를 표시할 수 있다.

파이썬의 설치

파이썬을 설치하려면 `http://www.python.org/`에 접속하여 Downloads 메뉴를 누르면 아래와 같은 화면이 보일 것이다.

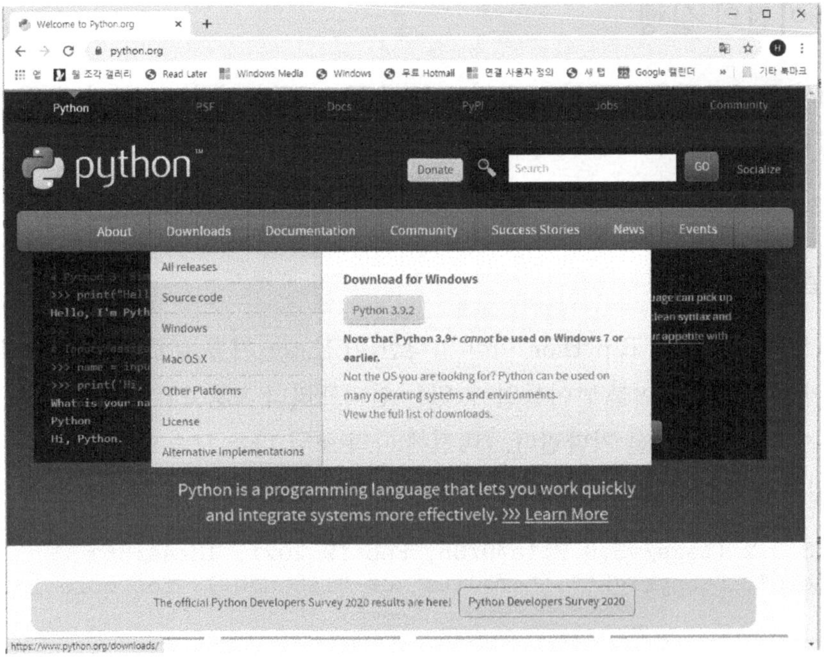

우리는 3.9.2 버전을 사용할 것이므로 해당 버튼을 눌러 설치를 시작하자(2021년 2월 기준은 3.9.2 버전이지만 다른 버전을 설치해도 크게 지장은 없다). 설치 시작 시 다음 그림처럼 파이썬 설치 폴더의 위치를 PATH에 추가하도록 설정하는 것이 좋다.

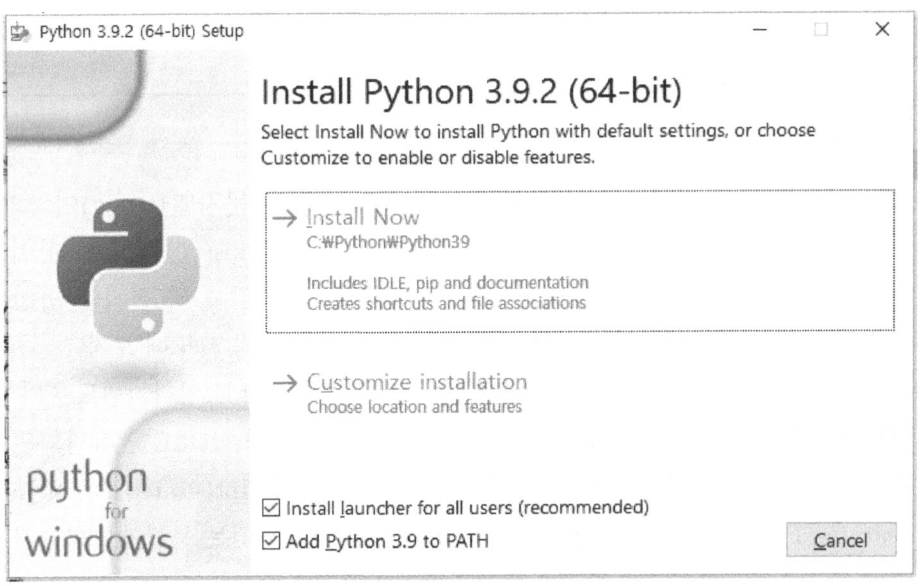

1.5 파이썬의 실행

파이썬에서 프로그램을 실행하는 방법은 크게 두 가지가 있다. 파이썬 셸을 이용하는 방법과 통합개발환경에서 파일을 이용하는 방법이다. 먼저 파이썬 셸을 이용하는 방법을 알아보자.

파이썬 셸에서의 실행

윈도우의 명령어창을 열고 python 이라 입력한 뒤 Enter 키를 누르면 파이썬 셸이 나타난다. 파이썬 셸은 명령어를 받아들일 수 있는 인터프리터 프롬프트 >>> 모양이 보이고, 사용자인 여러분의 입력을 기다린다. (버전에 따라 조금 다른 모습으로 보일 수는 있지만 >>>가 입력을 기다리는 것은 같다.)

```
Python 3.9.2 (tags/v3.9.2:1a79785, Feb 19 2021, 13:44:55)
Type "help", "copyright", "credits" or "license()" for more information.
>>>
```

>>>(인터프리터 프롬프트)에서 다음과 같이 입력하고 Enter 키를 누르자.

```
>>> print("hello python")
```

그러면 다음과 같이 hello python이라는 글자가 화면에 보일 것이다. 이와 같이 셸에서는 대화식으로 주어진 입력에 대해 출력을 보여준다.

```
hello python
```

`print` 다음의 괄호 안에 있는 큰따옴표로 둘러싸인 것을 문자열(string)이라 한다. 문자열은 말 그대로 문자들이 여러 개 이어진 것을 말한다. `print()` 함수는 파이썬의 내장함수(built-in function) 중의 하나인데, 숫자 또는 문자열 등의 결과를 화면에서 확인하고 싶을 때 자주 사용한다. 한글 문자열도 출력이 되는 지 시도해 보자.

파이썬 셸을 부를 수 있는 또 다른 방법은 [Python3.9][IDLE]이다. 윈도우의 시작 메뉴에서 'P' 항목의 Python 메뉴에서 IDLE을 선택하면 된다. IDLE를 바탕화면이나 작업표시줄에 고정해 두고 사용하면 편리하다. 파이썬 IDLE(Integrated Development and Learning Environment)은 파이썬 프로그램 작성에 사용되는 통합개발학습환경이다.

IDLE을 실행하면 처음에 셸창이 보이고, 앞에서와 같은 결과를 얻을 수 있다. 또한 셸창에서 에디터창을 만들어 프로그램을 입력, 저장, 실행할 수 있는 데 이것은 나중에 배운다.

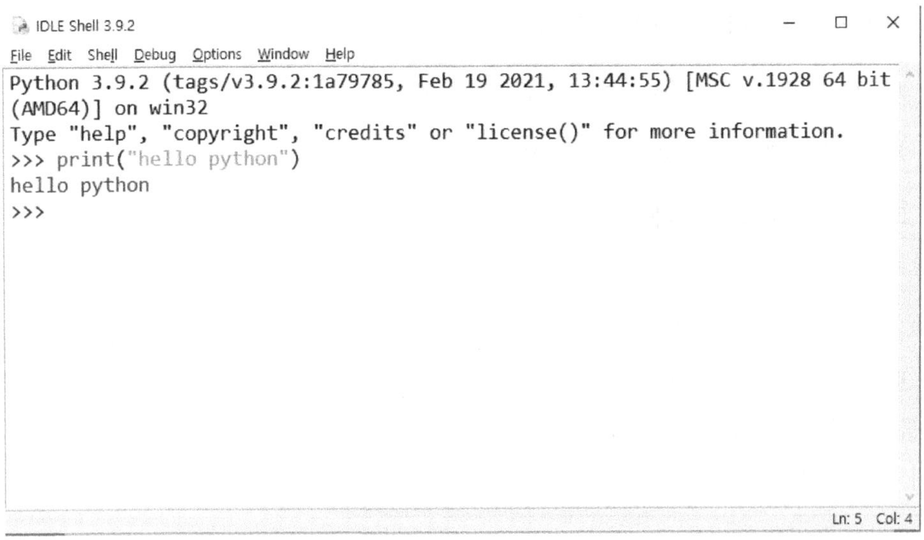

셸에서 간단한 계산과 출력하기

셸에서 다음과 같은 수식을 입력해 Enter 키를 치면 다음과 같은 계산 결과를 즉시 얻을 수 있다.

```
>>> 2 + 2
4
```

식이 여러 줄에 걸쳐 있을 필요가 있는 경우에는 줄의 끝에 \ 기호를 사용하면 된다.

```
>>> 1+2+3+4+5\
          +6+7+8+9+10
55
```

+ 기호는 덧셈을 하라는 산술연산자인데 뒤에서 자세히 배운다.

여러 계산을 하기 위해 셸에서 다음과 같이 입력해 결과가 맞는 지 확인해 보자. (각 줄의 # 기호부터는 입력하지 않아도 되는 주석문이다.)

```
>>> 50 - 5*6 # 곱셈 먼저, 그 다음에 뺄셈
20
>>> (50 - 5*6) / 4 # 연산 순서-괄호 먼저
5.0
>>> 8 / 5      # 나눗셈하면 실수 연산이 됨
1.6
>>> 17 // 3   # 정수 나눗셈은 소수점이하를 버림
5
>>> 17 % 3    # % 연산자는 나눗셈의 나머지를 남김
2
>>> 2 ** 7    # 2의 7 제곱
128
```

위에서 # 기호 다음부터 줄의 끝까지는 주석문으로 파이썬 번역기에 의해 번역되지 않으므로 프로그램의 실행 결과와는 상관이 없다. 나중에 자세히 배운다. 정수 나눗셈은 // 기호를, 나머지 연산은 % 기호를, 거듭제곱은 ** 기호를 사용한다.

위와 유사한 결과를 다음과 같이 print() 함수를 이용해 얻을 수도 있다.

```
>>> print(2+3)
5
```

이와 같이 print() 함수는 문자열을 출력하거나, 숫자 또는 문자 등의 결과를 출력하는 데 사용한다.

1.6 변수와 간단한 계산

변수를 사용해 간단한 계산을 하는 프로그램을 다음과 같이 작성해 실행해 보자.

```
>>> x = 2
>>> y = x * 2  + 3
>>> print(y)
7
>>> y
7
```

첫줄은 정수 2를 변수 x에 저장하라는 의미이다(등호를 사용하기는 했지만 2 = x와 같이 좌와 우를 바꿔 사용할 수는 없다!). 등호 기호(=)는 왼쪽이 오른쪽과 같음을 의미하지

않는다. 오른쪽의 숫자 값이 왼쪽의 변수에 지정, 저장, 할당된다는 의미이다. 두번째 줄은 x에 2를 곱한 후 3을 더해 그 결과를 변수 y에 저장하라는 뜻이다. 세번째줄은 y의 값을 화면에 출력하라는 의미이다. 변수의 값을 알고 싶을 때 셸에서는 변수의 이름만 주고 엔터키를 쳐도 된다.

변수(variable)는 값이 변할 수 있는 수를 저장할 수 있는 저장공간이고, =는 지정연산자, *, +는 산술연산자라고 하는 데 뒤에서 배운다. 위의 예와 유사하게 뺄셈과 나눗셈도 해보자.

우리가 앞으로 배우게 될 프로그램은 이와 같이 변수와 연산자의 조합으로 만들어 지는 문장과 함수를 호출하는 문장 등으로 구성된다는 것을 기억하자.

다음과 같이 실행하면 정의되지 않은 변수를 사용했다는 오류메세지를 받게 되는 데, 변수가 대소문자를 구분하기 때문에 맞게 사용해야 한다.

```
>>> x = 2
>>> print(X)
Traceback (most recent call last):
  File "<pyshell#1>", line 1, in <module>
    print(X)
NameError: name 'X' is not defined
```

사용할 일이 별로 없긴 하지만 혹시 변수를 삭제하고 싶으면 del() 함수를 이용한다.

```
>>> x=2
>>> del(x)
>>> x
Traceback (most recent call last):
  File "<pyshell#2>", line 1, in <module>
    x
NameError: name 'x' is not defined
```

1.7 논리적/물리적 명령행

물리적 명령행이란 프로그램 코드 내에 직접 표현된 한 줄을 의미하는 반면, 논리적 명령행은 파이썬 인터프리터 관점에서의 한 명령 단위를 의미한다. 파이썬은 각각의 물리적 명령행이 곧 논리적 명령행일 것이라고 내부적으로 간주하고 프로그램을 실행한다.

다음은 2개의 논리적 명령행을 2개의 물리적 명령행으로 표현한 것이다.

```
i = 10
print(i)
```

위의 두 논리적 명령행을 하나의 물리적 명령행에 넣고 싶다면, 다음과 같이 세미콜론(;)을 이용해 논리적 명령행의 끝을 명시적으로 파이썬 인터프리터에게 알려줄 수 있다.

```
i = 10; print(i);
```

이와 같이 사용할 수 있지만, 파이썬으로 프로그램을 만들 때 한 명령을 한 행에 적는 방법으로 프로그램을 만드는 것이 좋다.

1.8 들여쓰기

파이썬에서 공백은 중요한 역할을 하는 데 특히 한 행의 앞에 붙어있는 공백이 매우 중요하다. 이것을 들여쓰기라 부르는 데, 한 논리적 명령행의 앞에 붙어있는 공백(빈 칸 혹은 탭)은 논리적 명령행의 들여쓰기 단계를 의미하며, 이것은 한 명령의 범위를 구분하는 데 사용된다.

이것은 같은 들여쓰기 단계에 있는 명령들은 반드시 같은 들여쓰기를 사용해야 함을 의미하며, 같은 들여쓰기를 사용하고 있는 명령들의 집합을 블록(block)이라고 부른다. 나중에 블록에 대해 다루는 예제를 보게 될 것이다.

잘못된 들여쓰기는 오류를 일으킨다. 다음 예제는 일부러 들여쓰기를 잘못했다.

```
i = 5
    j = 6
```

위 예제를 실행하면 '예상 못한 들여쓰기 오류'라는 다음과 같은 오류 메시지를 받는다. 따라서 꼭 필요한 경우에만 들여쓰기를 해야 하는 데, 뒤에서 다시 설명한다.

```
SyntaxError: unexpected indent
```

1.9 에디터를 이용한 프로그램의 실행

만약 앞에서 실행했던 다음과 같은 프로그램에서 x에 다른 값을 넣고, y에 식을 넣어 실행하고 싶으면 세 줄을 다시 입력해 실행해야 한다.

```
>>> x = 2
>>> y = x * 2  + 3
>>> print(y)
7
```

실행해야 할 프로그램의 문장이 길어지고 여러 줄인 경우 매번 실행할 때마다 다시 입력해야 한다면 귀찮고 힘든 일이 될 것이다. 이때는 프로그램의 내용을 파일에 저장한 후 실행하고 필요에 따라 바꾸어 실행하면 좋다.

파이썬 IDLE의 에디터 창을 이용해 프로그램을 만들어 저장한 후 실행할 수 있는 데 다음과 같은 순서로 진행하면 된다.

1. File / New File 메뉴를 선택하면 나타나는 메모장 같은 곳(에디터라고 함)에 원하는 프로그램을 다음 그림처럼 입력한다.

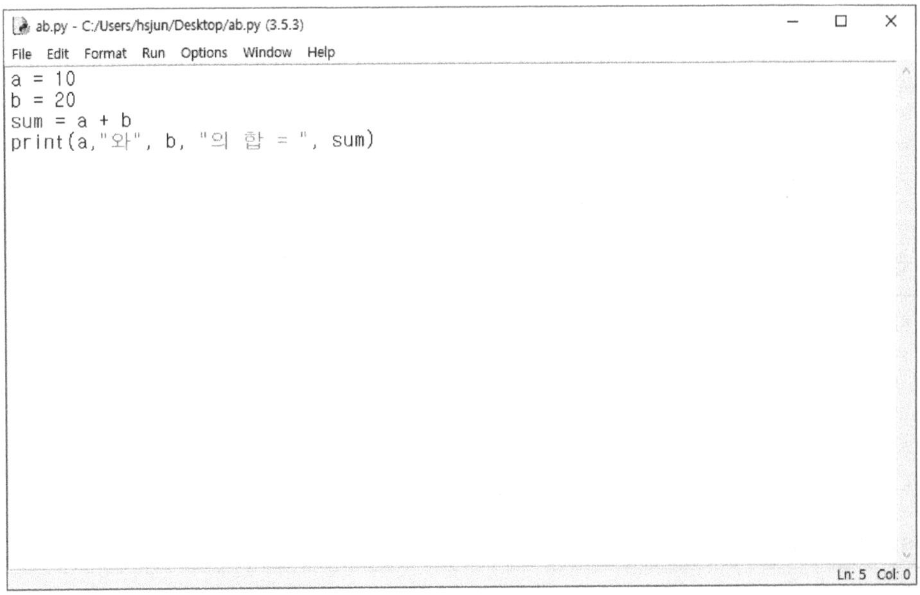

2. Run / Run Module 메뉴(또는 F5)를 실행하면, 실행하기 전에 저장하라는 조그만 창이 뜨는 데, 확인 버튼을 누르고 적절한 위치에 원하는 파일 이름을 주면 확장자가 .py인 파이썬 파일로 저장한 다음에 실행한다. (파이썬 프로그램 소스 파일의 확장자는 .py이다.)

3. 또는 File / Save 메뉴(또는 Ctrl+S) 또는 File / Save As.. 메뉴(또는 Ctrl+Shift+S)를 선택해 원하는 위치에 저장부터 하고 난 후 실행해도 된다.

이제부터 길이가 긴 프로그램은 이 방법을 사용해 다시 입력해야 하는 일을 줄이자.

파이썬 프로그램의 다른 실행 방법

이미 작성되어 있어 더 이상 수정할 필요가 없는 프로그램은 IDLE을 열 필요없이 윈도우의 명령어창에서 python 다음에 그 프로그램 이름을 주고 Enter 키를 눌러 실행하는 방법도 있다. (예: `C:\> python test.py`)

또한 윈도우즈 탐색기에서 파이썬 코드를 더블클릭해 실행하는 방법도 있는 데, 이 경우에는 프로그램의 실행이 끝난 후 바로 창이 닫히면서 사라지기 때문에 프로그램의 끝 부분에 input()을 넣어 주어 결과를 확인한 후 Enter키를 입력하면 창이 닫힌다.

```
a = 10
b = 20
sum = a + b
print(sum)

input()
```

또는 os 모듈의 도움을 받아 다음과 같이 작성해 실행하면 된다.

```
import os

a = 10
b = 20
sum = a + b
print(sum)

os.system('pause')
```

연습문제

다음 물음에 답하시오.

1. 파이썬 프로그램 작성에 사용되는 통합개발학습환경은?
2. 값이 변할 수 있는 수를 저장할 수 있는 저장공간을 무엇이라 하나?
3. 문자열 또는 숫자 등의 결과를 출력하는 데 사용하는 함수의 이름은?
4. 주석문은 무엇인가?
5. 들여쓰기를 올바르게 하지 않으면 어떻게 되는가?
6. 다음 문장의 실행 결과는?

```
print("1+2+3")
print(1+2+3)
```

프로그래밍 문제

다음의 간단한 프로그램을 만들어 셸과 IDLE에서 실행해 보자.

1. 밑변이 3이고 높이가 2인 삼각형과 사각형의 넓이를 계산하라.
2. 밑변이 5, 윗변이 3, 높이가 2인 사다리꼴의 넓이를 계산하라. 계산 공식은 직접 유도해서 계산하라.

제 2 장

자료형, 연산자, 표현식

Contents

본 장에서는 파이썬 프로그램의 기본 구성과 프로그램의 작성에 필요한 여러 요소들인 자료형, 연산자, 표현식 등에 대해 배운다.

2.1 파이썬 프로그램의 기본구성

파이썬 프로그램은 예약어, 변수, 상수, 연산자, 함수 등으로 구성되는 데 각 구성 요소에 대해 살펴보자.

예약어 (keyword, reserved word)

예약어는 파이썬 언어에서 기능과 사용 용도가 이미 정해져 있는 것으로, 변수 또는 함수의 이름으로 사용할 수 없다. 예약어는 셸에서 다음과 같이 입력해 직접 확인해 볼 수 있다.

```
>>> import keyword
>>> keyword.kwlist
['False', 'None', 'True', 'and', 'as', 'assert', 'break', 'class',
'continue', 'def', 'del', 'elif', 'else', 'except', 'finally', 'for',
'from', 'global', 'if', 'import', 'in', 'is', 'lambda', 'nonlocal',
'not', 'or', 'pass', 'raise', 'return', 'try', 'while', 'with',
'yield']
```

식별자 (identifier)

식별자는 프로그램에서 사용할 변수, 사용자 정의함수, 클래스, 모듈 등의 이름을 지정할 때 사용된다. 식별자 이름은 다음과 같은 규칙을 따라 붙인다.

- 영문자, 숫자, 밑줄(_), 유니코드문자를 사용할 수 있으나 숫자로 시작할 수는 없음
- 영문 대문자와 소문자는 구별됨 (예: name과 Name은 다름)
- 예약어를 명칭으로 사용할 수는 없음
- 한글도 유니코드 문자이므로 사용할 수는 있지만 가급적 사용하지 않는 게 좋음

변수(variable)

파이썬 언어에는 몇 가지 데이터 형태가 있는 데, 변수는 프로그래밍의 가장 기본적인 내용이므로 잘 이해하기 바란다.

프로그램에서 실행 중에 변할 수 있는 값을 가지고 있는 것을 변수(variable)라고 한다. 이와 반대되는 개념으로 변하지 않는 상수(constant)도 있다.

변수는 어떤 값을 저장하는 메모리 공간을 말하며 일상 생활의 그릇 또는 상자(box)에 비유할 수 있다. 일상생활에서 물건을 담아 사용할 그릇이나 상자가 필요하며, 또 여러 크기가 필요하듯이 프로그램에서도 여러 종류의 변수가 사용된다. 파이썬은 C나 자바 언어와 달리 변수를 사용하기 전에 미리 선언할 필요는 없다.

변수이름의 명명 규칙

변수의 이름을 붙이는 데 약간의 제한이 있다.

- 앞의 식별자 규칙을 따라야 한다.
- 보통 변수이름에는 소문자, 상수이름에는 대문자를 쓴다.
- 변수이름은 그것의 사용목적과 상관이 있는 이름을 쓰는 것이 좋다. 예를 들어 면적을 표시하려면 area라는 이름을 붙인다.
- 변수명이 긴 경우에는 밑줄(_)을 적절히 사용해 읽고 구분하기 쉽게 한다.(또는 중간에 대문자를 사용해 단어 경계를 나타내도록 한다. 중간의 대문자가 낙타의 혹처럼 보이기 때문에 이 규칙을 낙타체라고 한다.)
- 지역변수에는 가급적 짧은 이름을, 전역변수에는 가급적 긴 이름을 사용한다. (지역변수와 전역변수는 나중에 설명함)
- 변수의 올바른 사용 예 :
  `Count, _MaxSpeed, total_amount, user_name, userName, tree3`
- 변수의 그릇된 사용 예 (이유):
  if (예약된 키워드 사용), 72street(숫자로 시작), user name(공백 포함), user-name(중간에 '-' 문자 사용), total#amount(특수 문자의 사용),

변수의 종류

가장 많이 사용하는 변수의 종류에는 데이터형(data type)에 따라 부울형(Boolean), 정수형, 실수형, 문자열이 있는 데 다음과 같이 사용할 수 있다. (변수의 종류에 따라 크기가 다른 기억장소가 각 변수에 할당된다.)

```
booleanVar = True
intVar = 1
floatVar = 2.3
strVar = "string"
```

부울형은 True 또는 False값을 가진다. 문자열은 큰따옴표 또는 작은 따옴표로 둘러 싸인 글자들이다.

위 표현을 다음과 같이 한 줄로 사용하는 것도 가능하다.

```
booleanVar, intVar, floatVar, strVar = True, 1, 2.3, "string"
```

연산자(operator)

연산의 수행을 하기 위해 필요한 것으로 연산자의 종류에는 산술연산자, 관계연산자, 논리연산자, 증가감소연산자, 비트연산자, 지정연산자 등이 있다.

상수(constant)

값이 변하지 않는 것을 상수라 하는 데 숫자상수, 문자열상수 등이 있다.

주석문

주석문(설명문, comment)은 # 문자부터 그 줄의 끝까지로 이루어 진 일종의 설명문이다. 프로그램의 실행과는 아무 상관이 없고 프로그램 소스 코드를 주로 보게 되는 프로그래머 자신 또는 동료 프로그래머를 위해 사용한다.

주석문은 프로그램을 읽는 사람들에게 그 프로그램이 무엇을 하는 것인지 쉽게 파악할 수 있도록 도움을 주기 위해 작성한다. 주석을 전혀 붙이지 않으면 프로그램을 작성한 한참 뒤에는 본인이 직접 작성한 프로그램이라도 작성 의도를 알 수 없게 될 수도 있다.

따라서 중요한 결정사항, 세부사항, 해결하고자 하는 문제에 대해서는 주석을 이용해 설명하는 것이 좋다.

다음과 같이 3개의 작은 따옴표 또는 큰 따옴표를 이용해 여러 줄에 걸쳐 주석문을 표시하는 방법도 있다.

```
'''
These are multi-line
comments
'''
```

함수

함수는 print() 함수 등과 같이 파이썬에서 기본 제공되는 내장함수(built-in function)와 프로그래머가 필요할 때 작성하는 사용자 작성함수(user-defined function)로 나뉜다. (뒤에서 더 자세히 배운다.)

변수와 수식표현

변수에 값을 지정하고 변경한 후 출력하는 간단한 프로그램을 살펴보자.

```
i = 10
j = 20
print("i=", i, "j=", j)
j = i + j
print("j=", j)
```

위 프로그램에서 = 는 값을 지정해 주기 때문에 **지정연산자**라고 한다. 각각 정수변수 i와 j에 정수값 10과 20을 지정한 후 각각의 값을 출력하는 프로그램이다.

+는 덧셈을 하는 연산자로 **산술연산자**라 한다. i와 j의 값을 더하여 그 결과를 j에 지정한다는 뜻이다. j의 값이 얼마일까? 직접 실행해 확인해 보자.

2.2 기본 입출력 함수

프로그램을 실행해 어떤 결과를 얻으려면 적절한 값을 프로그램에 주어야 하고, 이것에 따라 계산되어 나오는 결과를 화면에 출력해 결과를 확인해야 한다. 이 경우 필요한 것이 기본 입출력 함수인 input()과 print() 함수이다.

print() 함수

print() 함수는 숫자나 문자열 등의 데이터를 화면에 출력할 때 사용되는 함수이다.

print() 함수의 여러 사용 예를 다음과 같이 직접 실행해 결과를 확인하는 방법으로 익혀 보자.

```
>>> print(10+20)
30
>>> print("10"+"20")
1020
>>> print("abc " * 3) # 문자열을 3번 반복해 출력
abc abc abc
>>> n = 10
>>> print("n=%d" %n)
n=10
>>> m = 5
>>> print("m=%d, n=%d" %(m,n))
m=5, n=10
```

마지막 예에서 보듯이 결과를 표시할 수가 여러 개이면 콤마(,)로 구분하고 괄호로 둘러싸면 된다. %d는 정수, %f는 실수, %s는 문자열을 출력하는 서식이다.

표 2.1에 형식지정자에 따른 출력형태를 요약하였다.

표 2.1: print() 함수에서 사용 가능한 서식과 사용 예

서식	설명	사용 예
%d	10진수 정수로 출력	print("\%d" \%10)
%f	실수로 출력	print("\%f" \%1.2)
%s	문자열 출력	print("\%s" \%"cat")
%c	한 글자 출력	print("\%c" \%"p")
%x	16진수 정수로 출력	print("\%x" \%10)
%o	8진수 정수로 출력	print("\%o" \%8)

원하는 만큼의 자리수를 확보해 출력하려면 다음 예와 같이 한다.

```
>>> n = 123
>>> print("%d" %n)
123
>>> print("%6d" %n) # 6자리확보. 오른쪽 정렬
```

```
   123
>>> print("%06d" %n) # 6자리확보. 오른쪽 정렬. 빈칸은 0으로
000123
>>> fn = 12.345
>>> print("%f" %fn)
12.345000
>>> print("%7.1f" %fn) # 소수점 포함 7자리 확보. 소수점 이하 1자리
   12.3
>>> print("%7.3f" %fn) # 소수점 포함 7자리 확보. 소수점 이하 3자리
 12.345
>>> str = "program"
>>> print("%s" %str)
program
>>> print("%10s" %str) # 10자리 확보. 오른쪽 정렬
   program
```

또는 다음과 같이 format() 함수를 사용해 출력하는 방법도 있다.

```
>>> pi = 3.141592
>>> age = 20
>>> name = 'Kim'
>>> print('name = {0}, age = {1}'.format(name, age))
name = Kim, age = 20
>>> print('pi={0:.3f}'.format(pi))
pi=3.142
```

4번째 줄의 {0}, {1}은 0번째, 1번째 인수가 각각 name, age임을 의미한다. 마지막의 {0:.3f}는 소수점 셋째 자리까지 출력하라는 뜻이다. format()을 사용하면 출력하는 순서를 지정할 수 있다.

파이썬 3.6버전부터는 f-문자열(f-string) 리터럴 기능을 이용해 print() 함수를 다음과 같이 사용하는 방법도 있다.

```
>>> a = 3
>>> b = 5
>>> print(f'sum of {a} and {b} is {a+b}')
sum of 3 and 5 is 8
>>> name = 'Tom'
>>> ss = f'His name is {name}.'
>>> print(ss)
His name is Tom.
```

input() 함수

input() 함수는 사용자가 키보드를 이용해 숫자 또는 문자를 입력받을 때 사용하는 함수이다. 숫자를 입력받더라도 실제의 수(숫자 그 자체)가 아니라 숫자로 이루어 진 문자열의 형태이기 때문에 이를 숫자로 이용하려면 적절하게 정수 또는 실수로 바꾸어야 한다. 이때 사용하는 함수가 각각 int()와 float()이다. 이와 반대로 숫자를 문자열로 변환하는 함수는 str()이다.

다음의 실행 예를 자세히 살펴보자.

```
>>> n = input('type a number : ')
type a number : 3
>>> n
'3'
>>> n = int(n)
>>> n
3
>>> n = str(n)
>>> n
'3'
>>> f = input('type a number : ')
type a number : 3.4
>>> f
'3.4'
>>> f = float(f)
>>> f
3.4
```

입출력 함수의 사용 예제

앞에서 배운 print( ), input( ) 함수와 곱셈 연산을 이용해 임의의 정수에 임의의 실수를 곱해 그 결과를 출력하는 프로그램은 다음과 같다. (int() 함수와 float() 함수를 이용해 각각 정수와 실수로 변환한다.)

```
i = int(input("Type an int number : "))
f = float(input("Type a float number : "))
print("곱셈 결과 = ", i*f)
```

이번에는 섭씨–화씨온도 변환 프로그램을 만들어 보자. 섭씨온도(C)를 화씨온도(F)로 바꾸는 식은 다음과 같다. 섭씨온도(C)를 키보드에서 입력받고 식을 이용해 화씨온도

(F)를 계산한 후 그 값을 출력하도록 프로그램을 작성하면 된다.

```
F = C*9/5 + 32
```

프로그램 2.1: 섭씨–화씨온도 변환 프로그램

```
C = float(input("Type 섭씨온도 : "))
F = C*9/5 + 32
print("화씨온도는", F)
```

꼭 기억해야 할 것이 있다. 어떤 식이라 하더라도 식만 있으면 위의 예와 같이 프로그램으로 변환해 결과를 얻을 수 있다. 프로그래밍이 처음에는 어려워 보이지만 대단한 것이 아니다. 원하는 것을 입력값으로 주고 계산을 시켜, 원하는 결과를 출력으로 얻는 것이다.

[**예제**] 다음 각 프로그램을 작성하고, 실행해 보자.

1. 키보드에서 임의의 두 실수를 입력받아 곱한 후 그 결과를 출력하는 프로그램
2. 1마일은 1.609km이다. 키보드에서 임의의 마일(정수)을 입력받아 km로 변환해 출력하는 프로그램

2.3 자료형과 크기

파이썬 언어에는 부울형, 정수형, 실수형, 복소수형, 문자열 등의 자료형이 있다. 변수를 사용하기 전에 미리 자료형을 선언해야 하는 C 언어 등과 달리, 파이썬에서는 변수에 값을 지정하면 그 값의 자료형에 따라 변수의 자료형이 자동으로 정해지고, 또한 나중에 바뀔 수도 있다.

부울형

부울(Boolean)형은 참(True) 또는 거짓(False)값 중 하나를 갖는 데이터형인데, 비교의 결과를 참이나 거짓으로 저장하는 데 사용된다. 데이터형을 알고 싶으면 `type()` 함수를 사용한다.

```
>>> aVar = True
>>> bvar = False
```

```
>>> type(aVar)
<class 'bool'>

>>> a = 1
>>> b = 2
>>> c = a > b
>>> c
False
>>> d = a < b
>>> d
True
```

정수형

소수점이 없는 숫자를 표현하는 데이터형이다.

```
>>> intVar = 0
>>> type(intVar)
<class 'int'>
```

다음은 여러 가지 정수 표현이다. 2진수는 '0b' 또는 '0B'로 시작하고, 8진수는 '0o' 또는 '0O'로 시작하며, 16진수는 '0x' 또는 '0X'로 시작한다.

```
1, 23, 3493 # 10진수
0b010101, 0B110010 # 2진수
0o1, 0o27, 0o6645 # 8진수
0x1, 0x17, 0xDA5 # 16진수
```

bin(), oct(), hex() 함수는 각각 2진수, 8진수, 16진수로 변환하는 함수이다.

```
>>> a=bin(10);b=bin(0x12);c=bin(0o74)
>>> print(a);print(b);print(c)
0b1010
0b10010
0b111100
>>> a=oct(10);b=oct(0x12);c=oct(0o74)
>>> print(a);print(b);print(c)
0o12
0o22
0o74
>>> a=hex(10);b=hex(0x12);c=hex(0o74)
>>> print(a);print(b);print(c)
```

```
0xa
0x12
0x3c
```

표 2.2에 10진수 0–15의 수를 2진수, 8진수, 16진수로 표시하였다.

표 2.2: 진법에 따른 수의 표현

10진수	2진수	8진수	16진수
0	0000	00	0
1	0001	01	1
2	0010	02	2
3	0011	03	3
4	0100	04	4
5	0101	05	5
6	0110	06	6
7	0111	07	7
8	1000	10	8
9	1001	11	9
10	1010	12	A
11	1011	13	B
12	1100	14	C
13	1101	15	D
14	1110	16	E
15	1111	17	F

실수형

실수형(float)은 소수점이 있는 숫자를 표현하는 데이터형이다.

```
>>> fVar = 1.0
>>> type(fVar)
<class 'float'>
```

다음은 여러 가지 실수 표현이다.

```
0., 0.0, .0, 1., 1.0, 1e0, 1.e0, 1.2e4
```

1.2e4은 1.2×10^4을 의미한다.

```
>>> f=1.2e4
>>> f
12000.0
```

식별을 쉽게 할 수 있도록 _를 사용한 숫자의 표현도 가능하다(파이썬 3.6부터 적용)

```
>>> 100_000.000_0001, 0x_FF_FF, 0o7_777, 0b_1010_1010
(100000.0000001, 65535, 4095, 170)
>>> 0.00_10_27
0.001027
```

복소수형

복소수를 사용하려면 수의 허수부에 'j' 또는 'J'를 사용한다. 다음의 사용 예를 보자.

```
>>> a=1+1j
>>> b=1-1J
>>> a+b
(2+0j)
>>> a-b
2j
>>> a*b
(2+0j)
>>> type(a)
<class 'complex'>
```

복소수의 실수부분과 허수부분을 얻으려면 다음과 같이 한다.

```
>>> a.real
1.0
>>> b.imag
-1.0
```

문자열

문자열은 'car', "123" 등의 문자집합을 의미하는 데, 문자열은 양쪽을 큰따옴표나 작은따옴표로 감싸야 한다. 또 여러 줄에 걸친 문자열을 사용하려면 연속으로 이어진 3개의 큰따옴표 또는 작은 따옴표의 쌍으로 둘러싸면 된다.

```
>>> strVar = "test"
>>> type(strVar)
<class 'str'>
```

\ 기호로 시작하는 특수 문자열이 있다. 문자열 안에서 큰따옴표나 작은따옴표를 사용하려면 다음과 같이 사용하거나, \ 기호를 사용해 기호를 포함시키거나 여러 줄에 걸친 문자열을 사용할 수 있다. 실행 결과와 함께 보자.

```
>>> str1 = "single quote ' inside string"
>>> str1
"single quote ' inside string"
>>> str2 = 'double quote " inside string'
>>> str2
'double quote " inside string'
>>> str3 = "double quote \" inside string" # " 안에서 " 포함하고 싶을 때
>>> str3
'double quote " inside string'
>>> str4 = "not very long string \
that spans two lines"
>>> str4
'not very long string that spans two lines'
>>> str5 = """
line 1
line 2
line 3
"""
>>> str5
'\nline 1\nline 2\nline 3\n' # \n은 줄바꿈 표시
```

타입 에러

연산할 수 없는 자료형을 서로 연산하면 타입 에러가 발생하니 주의해야 한다.

```
age = 23
message = "Happy " + age + "rd Birthday!"
TypeError: can only concatenate str (not "int") to str
```

아래와 같이 여러 종류의 변수값을 지정한 후 type( ) 함수를 사용하면 변수가 bool(부울형), int(정수), float(실수), str(문자열) 형으로 생성된 것을 확인할 수 있다. 종류와 값이 정해지지 않은 변수를 만들고 싶으면 None을 지정하면 된다.

```
>>> bVar = True
>>> intVar = 0
>>> fVar = 1.0
>>> strVar = "test"
>>> type(bVar)
<class 'bool'>
>>> type(intVar)
<class 'int'>
>>> type(fVar)
<class 'float'>
>>> type(strVar)
<class 'str'>
>>> x=None
>>> print(x)
None
```

2.4 연산자의 종류

단순한 출력이 아니고 어떤 계산이나 일을 수행하는 프로그램을 만드는 데 많이 사용되고 꼭 필요한 것이 연산자이다. 이 절에서는 파이썬의 다양한 연산자에 대해 살펴보고 공부한다.

연산자에는 지정연산자(또는 대입연산자), 산술연산자, 관계연산자, 논리연산자, 비트연산자, 이동연산자, 멤버연산자, 식별연산자 등이 있다.

2.4.1 지정연산자

지정연산자(assignment operator, 다른 말로 대입연산자, 할당연산자 라고도 함)는 변수나 표현에 어떤 값을 지정할 때 사용하는 연산자를 말한다.

- 우리는 앞에서 다음과 같은 표현을 사용하였다.

```
i = 3
i = i + 2
```

- 이때 사용했던 '=' 기호가 지정연산자인데 오른쪽(우변)의 값을 먼저 계산한 후 그 값을 왼쪽(좌변)의 변수 값으로 지정한다는 뜻이다.

- 일반적인 수학에서 사용하듯이 좌변과 우변이 같다는 뜻이 아니므로 좌변, 우변을 바꾸어서 사용할 수 없다. 오른쪽의 i는 현재값(변경전 값), 왼쪽의 i는 새로운 값(변경후 값)으로 생각하면 된다.

2.4.2 산술연산자

산술연산자(arithmetic operator)에는 덧셈, 뺄셈, 곱셈, 나눗셈을 위한 사칙연산자(+, -, *, /)와 정수나눗셈(//), 거듭제곱(**), 그리고 나머지 연산자(%)가 있다.

- 정수나눗셈(//) : 정수끼리 나눗셈을 할 때는 소수점이하의 계산을 하지 않고 버리기 때문에 주의해야 한다. 예를 들어 7//3의 결과는 2이다.
- 거듭제곱(**) : 거듭 제곱을 계산하는 연산자. 예를 들어 3**2는 9이다.
- 나머지 연산자(%) : 정수끼리의 나눗셈에서 나머지를 구할 때 사용된다. 다음의 계산을 하면 c의 값은 1이 된다. 나머지 연산자(%)는 실수형 데이터에는 적용할 수 없다.

  ```
  a = 10
  b = 3
  c = a % b
  ```

- 연산자의 우선순위는 **, *, /, %가 +, - 보다 높다.

표 2.3에 산술연산자를 요약 표시하였다. 이하의 설명에서 연산자의 왼쪽에 있는 연산항을 x, 연산자의 오른쪽에 있는 연산항을 y라 한다.

2.4.3 관계연산자

'성적이 90점 이상이면 합격이다' 라는 내용을 파이썬 언어로 바꾸려고 하면, 성적(score)이 90점 이상이라는 조건이 참(True)인지 또는 거짓(False)인지 판별해야 한다. 다음 문장을 실행해 결과를 확인해 보라.

```
score = 95
print(score >= 90)
print(score < 80)
```

표 2.3: 산술연산자

연산자	설명	사용 예
`x + y`	x와 y를 더함	`c = a + b`
`x - y`	x에서 y를 뺌	`s = a - b`
`x * y`	x와 y를 곱함	`m = a * b`
`x / y`	x를 y로 나눔	`d = a / b`
`x // y`	x를 y로 나눔(정수 나눗셈)	`d = a // b`
`x % y`	x를 y로 나눈 나머지	`r = a % b`
`x ** y`	x의 y 제곱	`r = 2 ** 5`

관계연산자(relational operator)는 연산항의 대소관계 또는 동등관계를 판정하고자 할 때 사용하는 연산자이다. 다른 말로 비교연산자라고 부르기도 하며 연산의 결과는 True 또는 False이다. 주로 뒤에 나오는 조건문이나 반복문에서 많이 사용되며 크게 다음의 두 부류로 나눈다.

- 두 수의 크기 관계를 표현하는 네 개의 연산자(>, >=, <, <= 즉 크다, 크거나 같다, 작다, 작거나 같다)와
- 같다와 같지 않다를 나타내는 두 개의 연산자(==, !=)가 있다.

표 2.4에 관계연산자와 사용 예를 요약 표시하였다. 사용 예의 결과를 예측해보고, 직접 실행해 결과와 비교, 확인해 보라.

표 2.4: 관계연산자

연산자	설명	사용 예
`x < y`	x가 y보다 작으면 True	`x=1; y=2; print(x<y)`
`x <= y`	x가 y보다 작거나 같으면 True	`x=1; y=2; print(x<=y)`
`x > y`	x가 y보다 크면 True	`x=1; y=2; print(x>y)`
`x >= y`	x가 y보다 크거나 같으면 True	`x=1; y=2; print(x>=y)`
`x == y`	x와 y가 같으면 True	`x=1; y=2; print(x==y)`
`x != y`	x와 y가 다르면 True	`x=1; y=2; print(x!=y)`

2.4.4 논리연산자

복잡한 조건은 관계연산자만을 이용해 표현하기 어렵다.

예를 들어 성적 A를 받으려면 시험점수(exam)가 90점 이상이거나 또는 리포트점수(report)가 90점 이상이어야 한다는 조건은 다음과 같이 표현할 수 있는 데, 이 때 사용하는 or 연산자가 논리연산자이다.

```
exam >= 90 or report >= 90
```

논리연산자(logical operator)에는 논리곱(and) 연산자, 논리합(or) 연산자, 논리부정(not) 연산자가 있다.

표 2.5에 논리연산자와 사용 예를 요약 표시하였다.

표 2.5: 논리연산자

연산자	설명	사용 예
x and y	x와 y가 모두 참일때만 연산결과가 참	a=5; print(a > 0 and a < 10)
x or y	x와 y 둘 중 하나라도 참이면 연산 결과가 참	a=5; print(a < -3 or a > 3)
not x	x의 부정. x가 참(거짓)이면 결과는 거짓(참).	a=False; print(not a)

논리곱 연산자

논리 and 연산자라고도 하며, 두 개의 연산항 모두가 참이어야 연산결과가 참이 된다.

앞의 예에서 성적 A를 받을 수 있는 또 다른 조건이 있다고 하자. 즉 시험점수가 80점 이상이면서 리포트점수도 80점 이상이면 A를 받을 수 있다면, 이 조건은 다음과 같이 표현할 수 있는 데, 이 때 사용하는 and 연산자가 논리곱 연산자이다.

```
exam >= 80 and report >= 80
```

[예제] 위 문장 앞에 exam과 report 점수를 임의로 주고, 위 문장을 출력해 True 또는 False가 출력되도록 바꾸어 보자.

논리합 연산자

논리 or 연산자라고도 하며 두 개의 연산항 중 하나만 참이어도 연산결과는 참이 된다.

예를 들어 성적 A를 받으려면 시험점수가 90점 이상이거나 또는 리포트점수가 90점 이상이어야 한다는 조건은 다음과 같이 표현할 수 있는 데, 이 때 사용하는 or 연산자가 논리합연산자이다.

```
exam >= 90 or report >= 90
```

[**예제**] 위 문장 앞에 exam과 report 점수를 임의로 주고, 위 문장을 출력해 True 또는 False가 출력되도록 바꾸어 보자.

논리부정 연산자

논리 not 연산자라고도 하며, 연산항이 참이면 연산결과는 거짓으로, 연산항이 거짓이면 연산결과는 참이 된다.

시험점수(exam)이 90점 이상이라는 말은 '90점 미만이 아니다'는 말과 같다. 이를 식으로 표현하면 다음과 같다.

```
not (exam < 90)
```

[**예제**] 위 문장 앞에 exam 점수를 임의로 주고, 위 문장을 출력해 True 또는 False가 출력되도록 바꾸어 보자.

2.4.5 비트연산자

파이썬 언어에서 비트 단위의 연산이 가능한 데, 이 연산자들은 정수형 데이터에만 사용할 수 있고 실수형 데이터에는 사용할 수 없다. 비트단위로 연산을 진행하는 연산자이며 대부분이 두 개의 연산항을 필요로 하는 이항 연산자이다.

표 2.6에 비트연산자와 사용 예를 요약 표시하였다.

비트 and 연산자

비트 and 연산자(&)는 비교하는 두 비트가 모두 1일 경우에만 1이 되는 연산자이다.

다음의 예를 검토해 보자. 16진수를 나타낼 때는 숫자의 앞에 0x를 붙여 10진수와 구별한다.

```
  1101 0111    0xD7
& 0011 0011    0x33
--------------------
  0001 0011    0x13
```

위의 예를 다음과 같이 입력해 쉘에서 결과를 확인해 보자.

```
>>> a=0xD7
>>> b=0x33
>>> c = a & b
>>> hex(c)
'0x13'
```

또는 더 간단히 다음과 같이 확인할 수도 있다. hex()는 10진수를 16진수로 변환하는 함수다.

```
>>> hex(0xD7 & 0x33)
'0x13'
```

비트 or 연산자

비트 or 연산자(|)는 두 비트중 하나라도 1이면 연산결과가 1이 되는 연산자이다. 이 연산자를 이용하면 특정 비트를 1로 만들 수 있다. 다음의 예를 검토해 보자.

표 2.6: 비트연산자

연산자	설명	사용 예
`x & y`	x와 y 각 비트가 모두 1이면 결과가 1	`c = a & b`
`x | y`	x와 y 각 비트 중 하나라도 1이면 결과가 1	`c = a | b`
`x ^ y`	x와 y 각 비트가 같으면 0, 다르면 1	`c = a^ b`
`~x`	1은 0, 0은 1로 바꿈	`~a`
`x << y`	x의 비트 패턴을 y 값(양수) 만큼 왼쪽으로 이동 빈 부분은 0으로 채움.	`a << 2`
`x >> y`	x의 비트 패턴을 y 값(양수) 만큼 오른쪽으로 이동	`a >> 2`

```
  1101 0111    0xD7
| 0011 0011    0x33
--------------------
  1111 0111    0xF7
```

비트 Exclusive or 연산자

비트 Exclusive or 연산자(^)는 두 비트가 서로 다를 때에만 연산결과가 1이 되는 연산자이다. 다음의 예를 검토해 보자.

```
  1101 0111    0xD7
^ 0011 0011    0x33
--------------------
  1110 0100    0xE4
```

왼쪽이동 연산자

왼쪽이동 연산자(<<)는 연산항의 비트 열을 정해진 수만큼 왼쪽으로 이동시키는 이항 연산자이고 연산항은 모두 정수이어야 한다. 다음의 예를 검토해 보자. b의 값이 얼마일까?

```
>>> a = 1
>>> b = a << 1
```

비트의 열을 한 칸씩 왼쪽으로 이동시킬 때마다 값의 크기가 두 배씩 증가하므로, 정수 연산항에 곱셈 연산자를 대신하여 곱셈을 할 수 있다.

오른쪽이동 연산자

오른쪽이동 연산자(>>)는 피연산자의 비트 열을 정해진 수만큼 오른쪽으로 이동시키는 이항 연산자이고 연산항은 모두 정수이어야 한다. 다음의 예를 검토해 보자. b의 값이 얼마일까?

```
>>> a = 8
>>> b = a >> 1
```

비트의 열을 한 칸씩 오른쪽으로 이동시킬 때마다 값의 크기가 1/2로 감소하므로, 정수 연산항에 나눗셈 연산자를 대신하여 나눗셈을 할 수 있다.

1의 보수 연산자

1의 보수 연산자( )는 주어진 수의 각 비트를 뒤집는 연산(즉 비트1은 0으로, 0은 1로 바꾸는)을 하는 데, 이것은 1의 보수를 계산하는 것과 같다. 1의 보수에 1를 더한 값을 2의 보수라고 한다. 다음의 예를 검토해 보자

```
>>> n = 123
>>> ~n
-124
>>> ~n + 1
-123
```

2.4.6 복합지정연산자

다음의 첫번째 식은 두번째 식처럼 압축해 사용할 수 있다. 이것을 복합지정연산자라고 한다.

```
i = i + 2
i += 2
```

위의 연산자 '+'처럼 연산자의 좌우에 두 개의 연산항을 갖는 연산자를 이항연산자라 하는 데 많은 이항연산자가 위에서 처럼 압축된 형태로 사용될 수 있다. 압축하여 사용할 수 있는 연산자에는 다음과 같은 것들이 있다.

```
+ - * / % ** << >> & ^ |
```

이 연산자들을 압축된 형태로 사용하면 다음과 같다.

```
+= -= *= /= %= **= <<= >>= &= ^= |=
```

이렇게 압축된 형태의 지정연산자는 간단하다는 장점 이외에도 사람들이 생각하는 것과 유사하다는 장점이 있다.

예를 들어 다음과 같이 사용하면, 'i 값에 2를 더하여 그 값을 다시 i에 넣어라' 라고 생각하게 된다.

```
i = i + 2
```

그러나 이 문장을 다음과 같이 바꾸어 쓰면, 'i에 2를 더하라 (또는 i의 값을 2만큼 증가시켜라)' 라는 뜻이므로 이것이 보다 더 자연스럽다.

```
i += 2
```

2.4.7 멤버연산자

멤버 연산자(membership operators)는 특정값이 문자열 또는 리스트에 속해 있는지 알려주는 연산자이다.(리스트는 뒤에 나옴)

연산자 in 은 부울 연산자로 두 개의 문자열을 받아, 첫 번째 문자열이 두 번째 문자열에 들어 있으면 참(True)을, 없으면 거짓(False)을 반환한다.

```
>>> 'py' in 'python'
True
```

연산자 not in은 부울 연산자로 두 개의 문자열을 받아, 첫 번째 문자열이 두 번째 문자열에 들어 있으면 거짓(False)을, 없으면 참(True)을 반환한다.

```
>>> 'ty' not in 'python'
True
```

2.4.8 식별연산자

식별연산자(identity operators) is와 is not은 메모리 주소가 같은 지를 시험하는 연산자이다.

```
>>> a = 2
>>> b = 2
>>> a is b
True
>>> a is not b
False
```

위 코드는 a와 b의 값이 2인지 시험하는 것이 아니고 a와 b의 메모리 주소가 같은 지 시험하는 것이다. 메모리 주소를 확인하기 위해 다음과 같이 실행해 보자. 물론 각자의 실행 결과는 대부분 다를 것이다.

```
>>> id(a)
140726593053552
>>> id(b)
140726593053552
```

참고로 파이썬은 -5부터 256의 정수값을 미리 지정된 특정메모리 주소에 저장해 놓고 사용한다. 다음과 같이 확인해 볼 수 있다.

```
>>> a=-5
>>> b=-5
>>> a is b
True
>>> a == b
True
>>> a=256
>>> b=256
>>> a is b
True
>>> a == b
True
```

다음 예를 보자.

```
>>> 5 == 5.0
True
>>> 5 is 5.0
False
```

== 연산자는 값을 비교한다. 따라서 5와 5.0은 같기 때문에 True를 반환한다. 그러나 5와 5.0 객체의 주소는 다르기 때문에 False를 반환한다.

2.5 연산자의 우선순위

지금까지 설명된 연산자를 포함한 파이썬의 모든 연산자의 계산 우선순위를 표 2.7에 표시하였다. 위에 있는 것이 우선 순위가 더 높은 것이다. 계산의 우선순위를 알고 싶을 때 참고하면 좋다.

표 2.7: 연산자의 우선순위

순위	연산자	설명
1	`()  []  {}`	괄호, 리스트, 딕셔너리, 세트
2	`**`	지수연산자
3	`+, -, ~`	부호 및 비트연산자
4	`*, /, %, //`	산술연산자
5	`+, -`	산술연산자
6	`<<, >>`	시프트 연산
7	`&`	비트연산자
8	`^`	비트
9	`|`	비트
10	`<, <=, >, >=, ==, !=, in, not in, is, is not`	비교(멤버십 테스트 포함)
11	`not`	논리연산자
12	`and`	논리연산자
13	`or`	논리연산자
14	`= += -= *= /= %= &= ^= |= <<= >>=`	지정연산자

연습문제

다음 물음에 답하시오.

1. 소수점이 있는 숫자를 표현하는 데이터형은?
2. 참(True) 또는 거짓(False)값 중 하나를 갖는 데이터형은?
3. 파이썬 언어에서 기능과 사용 용도가 이미 정해져 있는 것으로, 변수 또는 함수의 이름으로 사용할 수 없는 것은?
4. 주석문에 대해 설명하라.
5. 값을 프로그램에 주는 함수와 계산되어 나오는 결과를 화면에 출력하는 함수의 이름은?
6. 문자열을 만드는 방법에 대해 설명하라.
7. 변수나 표현에 어떤 값을 지정할 때 사용하는 연산자는?

8. 수식을 계산할 때 사용하는 연산자는?
9. 연산항의 대소관계 또는 동등관계를 판정하고자 할 때 사용하는 연산자는?
10. 관계연산자만을 이용해 표현하기 어려운 복잡한 조건을 표현할 때 사용하는 연산자는?
11. 정수형 데이터에만 사용할 수 있고 실수형 데이터에는 사용할 수 없는 비트단위로 연산을 진행하는 연산자는?
12. 멤버연산자와 식별연산자에 대해 설명하라.

프로그래밍 문제

다음 각 프로그램을 작성하고, 실행해 보자.

1. 자동차의 연료효율을 미국식 $(mile/gallon)$에서 한국식 (km/l)으로 바꾸는 프로그램을 작성하라. (단 1 마일은 1.6 km이고, 1 갤론은 3.7854 리터이다.) 마일수과 갤론 수를 입력받는다.
2. 산술연산자를 이용하여 임의의 주어진 초를 분으로 바꾸는 프로그램
3. 임의의 분 단위 시간이 입력될 때, 그 분에 해당하는 날짜와 시간과 나머지 분을 출력하는 프로그램. (예: 1550분은 1일 1시간 50분)
4. 500만원을 년이율 5%로 저금했을 때 1년 후의 원리금의 합계를 출력하는 프로그램
5. 1부터 n까지의 합은 n(n+1)/2로 주어진다. 1부터 100까지의 합을 구하여 출력하는 프로그램을 작성하고 실행하라.

제 3 장

프로그램의 제어문

Contents

이 장에서는 프로그램에서 계산의 순서를 바꾸는 여러 종류의 제어 문장에 대해 배운다. 제어문에는 조건문, 반복문, 기타 제어문 등이 있는 데, 각 제어문의 개념과 사용방법을 이해하는 것을 목표로 한다.

3.1 조건문

특정한 조건에 따라 프로그램의 실행 순서가 바뀌는 문장을 조건문이라 한다. 조건문에는 if 문, if-else 문, if-elif 문 등이 있다.

3.1.1 if 문

특정한 조건을 만족시킬 때에만 정해진 문장을 수행하고 싶을 경우에 유용하게 사용할 수 있는 문장으로 if 문의 기본 구조는 다음과 같다.

if 문의 기본 구조

```
if Condition(조건) :
    Block(블록)
```

Condition(조건)이 True(참)이면 바로 : 다음의 Block(블록) 부분을 실행함

if의 다음은 모두 들여쓰기(indentation)를 해 [블록]을 이루게 한다. 블록은 보통 하나 또는 그 이상의 문장으로 구성되며 이 블록에 들어있는 문장들은 첫 줄의 [조건]이 참(True)일때에만 실행된다.

들여쓰기는 파이썬에서 매우 중요하다. 이것은 프로그램의 논리적인 구조를 알기 쉽게 하기 위한 것으로, 파이썬에서 들여쓰기는 일관성 있게 해야 한다. 즉 한번 Tab 키를 사용했다면 계속 Tab 키를 사용하고, 빈칸4개를 사용했다면 계속 빈칸 4개를 사용해야 한다. 파이썬에서는 빈칸 4개를 들여쓰기로 사용하는 것이 권장된다.

조건문뿐만 아니라 뒤에 나오는 반복문, 함수 등의 블록에서도 들여쓰기를 잘못하면 의미가 달라지거나 오류가 생길 수 있기 때문에 주의해야 한다.

대화형 모드에서는 블록의 입력을 끝내려면 Enter 키를 연속해서 2번 누른다.

[**예제**] 점수가 90 이상일때 성적이 A이고, 장학금을 받을 수 있다면, 다음과 같은 프로그램으로 작성할 수 있다.

```
score = int(input("정수 입력:"))
if score >= 90 :
    print("성적 : A")
    print("장학금 수여")
```

[**예제**] 나이 판정 프로그램

```
age_0 = 22
age_1 = 18
age = int(input('your age? '))
if age <= age_0 and age >= age_1: #복합 조건문
    print("당신의 나이는 18~22세 사이입니다")
```

3.1.2 if-else 문

앞에서 설명한 if문은 특정한 조건을 만족시킬 때에만 정해진 문장을 수행하는 데 반해, 조건을 만족시키지 못한 경우에는 다른 문장을 수행하고 싶을 때 사용하는 것이 `if-else` 문이다.

`if-else` 문의 기본 구조는 다음과 같은 데, 조건을 계산하여 그 값이 참(True)이면 [블록1]을 실행하고, 그 값이 거짓(False)이면 [블록2]를 실행한다. `else` 부분이 생략되면 앞의 `if` 문과 같게 된다.

if-else 문의 기본 구조

```
if Condition(조건) :
    Block1(블록1)
else :
    Block2(블록2)
```

예를 들어 앞의 프로그램에서 점수가 90 미만일때 다른 처리를 해야 한다면, 다음과 같은 프로그램으로 작성할 수 있다.

```
if score >= 90 :
    res = "pass"
```

```
else :
    res = "fail"
```

한 문장의 if-else문

위의 if-else 문 대신 점수가 90 이상이면 합격이고, 그렇지 않으면 불합격인 것을 다음과 같이 한 문장으로 작성할 수도 있다.

```
res = 'pass' if score >= 90 else 'fail'
```

또 다른 사용방법의 예는 다음과 같다.

```
>>> a=2
>>> b=4
>>> max = a if a >= b else b # 더 큰 값
>>> max
4
>>> min = a if a < b else b # 더 작은 값
>>> min
2
```

[예제] 논리 연산자와 if-else 문을 사용하는 조금 더 복잡한 예제로 평년과 윤년(leap year)을 구분하는 방법을 프로그램으로 작성해 보자. 특정 년도가 다음 조건 중 하나를 만족하면 윤년이다.

- 년도수가 4로 나뉘어지면서 100으로 나뉘어지지 않거나
- 400으로 나뉘어지면 윤년이다.

이것을 판별하는 부분을 파이썬 코드로 쓰면 다음과 같다. (주의! : 아래 프로그램에서 == 대신 = 를 사용하지 않도록 한다. 전혀 다른 의미임)

프로그램 3.1: if-else 문을 사용한 윤년 판정 프로그램

```
year = int(input("Type a year :"))
if (year%4 == 0 and year%100 != 0) or year%400 == 0 :
    print(year, "is leap year")
else :
    print(year, "is not a leap year")
```

3.1.3 중첩 if 문

중첩 if 문(또는 중복 if 문)은 if 문의 몸체 안에 또 다른 if 문이 있는 것을 말한다. 중첩 if 문의 예로 다음 문제를 생각해 보자.

키보드에서 임의의 정수를 입력하면, 그것이 양수인지, 음수인지, 0인지 판별해 출력하는 프로그램은 다음과 같이 작성할 수 있다.

```
n = int(input("type int number : "))
if n > 0 :
    print("positive")
else :
    if n < 0 :
        print("negative")
    else :
        print("0")
```

동일한 프로그램을 다음과 같이 또 다른 형태로 작성할 수도 있다.

```
n = int(input("type int number : "))
if n >= 0 :
    if n == 0 :
        print("0")
    else :
        print("positive")
else :
    print("negative")
```

위 두 프로그램을 실행해 보고 혹시 차이가 있는지 생각해 보라.

3.1.4 if-elif-else 문

앞의 `if-else` 문의 `if`와 `else` 사이에 하나 또는 그 이상의 `elif`를 넣어 사용할 수 있다. 3가지 중 하나를 선택하는 경우에는 `elif`를 하나 넣어 3개 중 하나를 선택하면 되고, 그 이상의 선택이 필요하면 그만큼 `elif`를 넣어 사용하면 된다. 경우에 따라서는 마지막의 `else` 부분을 생략할 수 있다.

if-elif-else 문의 기본 구조

```
if Condition1(조건1) :
    Block1(블록1)
elif Condition2(조건2) :
    Block2(블록2)
else :
    Block3(블록3)
```

앞의 중첩 if문에서 사용한 수를 판별해 출력하는 프로그램을 elif 문을 이용해 다시 작성해 보면 다음과 같다.

프로그램 3.2: if-elif-else 문을 사용한 수의 판정

```
n = int(input("type int number : "))
if n > 0 :
    print("positive")
elif n < 0 :
    print("negative")
else :
    print("0")
```

다중 elif 문(다중 선택문) 위의 elif는 필요하다면 여러 개 사용할 수 있는 데 이렇게 여러 개의 조건 중 하나를 선택해 사용하기 때문에 다중 선택문이라 한다. 이 선택문은 if 또는 elif의 조건이 참이면 그 해당 블록을 실행하고 그 밑의 나머지 elif나 else는 무시한다.

[**예제**] 박물관의 입장료가 4세 미만은 무료, 18세 미만은 5불, 65세 미만은 10불, 65세 이상은 5불이라 할 때, 이상의 내용을 코드로 작성한 것이 다음과 같다.

```
age = 12
if age < 4:
    price = 0
elif age < 18:
    price = 5
elif age < 65:
    price = 10
else:
    price = 5

print("Your admission cost is $" + str(price) + ".")
```

[예제] 다음을 프로그램으로 작성하시오.

1. 임의의 정수가 짝수인지 홀수인지 판별하는 프로그램
2. 이차방정식 $ax^2 + bx + c = 0$의 계수 a, b, c (a $\neq$ 0)를 입력받아 판별식($D = b^2 - 4ac$)을 이용해 근의 종류를 출력하는 프로그램
3. 사용자로부터 cm 단위의 길이를 입력 받는다. 입력 값이 음수이면 "잘못 입력하였습니다"라는 메시지를 출력하고 양수이면 길이를 인치로 변환하여 출력하는 프로그램을 작성하라. 1인치 = 2.54cm
4. 사용자로부터 현재 시각을 나타내는 1–12의 숫자를 입력 받는다. 또 "am" 혹은 "pm"을 입력 받고 경과 시간을 나타내는 값을 입력 받는다. 이로부터 최종 시각이 몇 시인지 출력하는 프로그램을 작성하라.

3.2 반복문

반복문은 똑같은 일이나 비슷한 일을 반복해 계속하고 싶을 때 사용되는 중요한 구문이다. 예를 들어 '*' 문자를 100번 출력하고 싶을 때 print("*") 문장을 100번 호출하여 작성하는 것보다는 반복문을 사용하는 것이 편리하다.

반복문은 보통 루프(loop) 문이라고 하며 `while` 반복문과 `for` 반복문이 있다.

3.2.1 while 문

`while` 반복문의 기본 구조는 다음과 같다.

while 문의 기본 구조

```
[초기화]
while [조건] :
    [블록]
[다음문장]
```

`while` 반복문은 [초기화] 부분에서 초기값을 정한 후 [조건]을 계산하여 그 값이 True(참)이면 반복문의 몸체인 [블록]을 계속 수행하고 값이 False(거짓)이면 `while` 문을 벗어난 [다음문장]을 수행한다. 따라서 보통 문장의 수행을 무한히 반복하지 않기 위해서는 블록의 끝 부분에 반복의 수행을 끝낼 수 있는 조건의 변화가 있어야 한다.

다음은 while 반복문의 예제로 '*' 문자를 100개 출력하는 프로그램이다. 이 프로그램은 i가 1부터 시작해 100이 될 때까지 i의 값을 하나씩 증가시키면서 별표를 출력하는 프로그램이다.

```
i = 1
while i <= 100 :
    print('*')
    i = i + 1
```

다음은 1부터 100까지의 자연수의 합을 구해 출력하는 while 반복문의 예제 프로그램이다.

프로그램 3.3: while 반복문을 사용한 1부터 100까지의 합

```
1 i = 1
2 sum = 0
3 while i <= 100 :
4     sum = sum + i
5     i = i + 1
6 print("sum=", sum)
```

프로그램 3.3의 설명 :

1행에서 루프변수 i를 1로 초기화하고, 2행에서 중간합 sum 변수를 0으로 초기화한다. 3행에서 루프변수 i가 100보다 작거나 같으면 블록 내용을 실행한다. 4행은 중간합을 계산하는 부분이고, 5행에서 그 다음 계산을 위해 루프변수를 증가시킨다. 6행에서 최종 결과를 출력한다.

3.2.2 for 문

반복문을 만들 수 있는 또 다른 방법은 for 문을 사용하는 것이다.

뒤에서 자세히 배우게 되는 시퀀스 자료형을 명시적으로 사용할 때 for 반복문의 기본 구조는 다음과 같다.

for 문의 기본 구조(시퀀스 자료형을 이용할 때)

```
for [변수] in [시퀀스 자료형(리스트, 튜플, 문자열 등)] :
    [블록]
```

for 문은 [시퀀스 자료형]의 각 요소의 값을 하나씩 [변수]에 저장하고 블록을 실행한다. 이 동작을 [시퀀스 자료형]에 더 이상의 요소가 없을 때까지 반복한다.

시퀀스 자료형은 뒤에서 자세히 배운다. 다음은 각각 시퀀스 자료형인 리스트, 튜플, 문자열을 이용한 for 문의 사용 예이다.

```
for i in [1, 2, 3] :  # 리스트
    print("숫자", i)
for i in (1, 2, 3):   # 튜플
    print("숫자", i)
for i in '123':       # 문자열
    print("숫자", i)
```

이 프로그램을 각각 직접 실행해 출력결과를 확인해 보자. 각 for 문의 실행 결과는 다음과 같다.

```
숫자 1
숫자 2
숫자 3
```

for 반복문은 보통 위의 명시적인 시퀀스 자료형 대신 range() 함수(또는 객체)를 사용하는 경우가 많은 데, 이때는 다음과 같은 기본 구조를 사용한다.

for 문의 기본 구조 : range() 함수를 사용할 때

```
for [변수] in range(start, stop, step) :
    [블록]
```

range() 함수는 위와 같이 3개의 매개변수가 있는 데 `start`에서 시작해 `stop`의 바로 전까지 `step` 간격으로 리스트를 만든다. `start`와 `step`의 기본값은 0과 1이기 때문에 range(10) 또는 range(0, 10)이라고 호출하면 range(0, 10, 1)이라 호출한 것과 같다. 즉 인수가 하나면 `stop`이 주어진 것이고, 인수가 둘이면 `start`와 `stop`이 주어진 것이다.

위의 리스트를 사용한 것과 똑같은 프로그램을 range() 함수를 사용하면 다음과 같다.

```
for i in range(1, 4, 1) :
    print("숫자", i)
```

다음과 같이 실행하면 결과가 어떻게 나오는지 확인해 보자.

```
for i in range(3, 0, -1) :
    print(i)
```

다음은 for 문에 관한 예제들이다.

[예제] 1부터 10까지 출력하는 프로그램이다.

```
for x in [1, 2, 3, 4, 5, 6, 7, 8, 9, 10] :
    print(x, end=" ")
```

줄을 바꾸지 않고 숫자를 한 줄에 출력하기 위해 end=" " 를 사용했다.

[예제] 다음은 range() 함수를 사용해 1부터 10까지 출력하는 프로그램이다.

```
for x in range(1, 11) :
    print(x, end=" ")
```

[예제] 앞의 while 문과 유사하게 1부터 100까지 정수의 합을 계산해 출력하는 프로그램이다.

프로그램 3.4: for 반복문을 사용한 1부터 100까지의 합

```
1 sum = 0
2 for i in range(1, 101, 1) :
3     sum = sum + i
4 print("sum = ", sum)
```

프로그램 3.4의 설명 :

1행에서 변수 sum의 값을 0으로 초기화하고, 2–3행에서 1부터 100까지 정수의 합을 계산하여, 4행에서 sum의 값을 출력한다. 앞의 while 문을 사용한 프로그램과 어떻게 다른 지 비교해 보자.

이번에는 또 다른 반복문의 예제 프로그램을 만들어 보자. x^n을 계산하는 프로그램은 파이썬의 ** 연산자를 이용하면 x^n을 쉽게 얻을 수 있다. 하지만 함수의 작성을 익히기 위해 ** 연산자를 사용하지 않고, 반복문을 사용해 x를 n(양의 정수) 번 곱하는 방법으로 구현해 보자.

프로그램 3.5: x^n을 계산하는 프로그램

```
1 x = float(input('Type x : '))
2 n = int(input('Type n : '))
3 
4 prod = 1
5 for i in range(1, n+1):
6     prod = prod * x
7 
8 print(prod)
```

프로그램 3.5의 설명 : 1–2행에서 x와 n의 값을 입력받는다. 4행에서 중간 계산값을 1로 초기화한다. 앞의 숫자를 합하는 예에서 초기값을 0으로 한 것과 달리 곱셈을 해야 할 때는 초기값을 1로 주어야 한다. 5–6행에서 x를 n번 곱하는 일을 수행한 후 8행에서 결과를 출력한다.

중첩 반복문

중첩반복문은 반복문 안에 또 다른 반복문이 들어 있는 문장을 말한다. 외부의 반복문 변수 하나(예 i=2)에 대해 내부 반복문의 실행이 끝나면, 외부 반복문의 그 다음 변수(예: i=3)에 대해 다시 내부 반복문이 실행되는 식이다.

[예제] 예를 들어 구구단을 2단부터 9단까지 출력하려면 다음과 같은 중첩반복문을 사용한다.

```
for i in range(2, 10, 1) :
    for j in range(1, 10, 1):
        print("%d x %d = %d", %(i, j, i*j))
```

위의 구구단 출력 프로그램을 실행해 보고, while 중첩반복문을 사용해 다시 작성해 보자.

무한 반복문

무한히 반복하는 반복문을 작성하려면 어떻게 해야 할까?

while 문을 사용하고 조건식을 참(True)으로 지정하면 쉽게 무한반복문을 만들 수 있다. 다음 프로그램을 실행해 보자.

```
while True :
    print("last forever")
```

반복문 안의 조건문

필요한 경우에는 반복문 안에 조건문을 넣어 계산할 수 있다.

예를 들어 1부터 50까지의 숫자 중 7의 배수를 출력하는 프로그램을 작성하려면 어떻게 해야 할까?

주어진 문제를 해결하기 위해 정해진 일련의 단계적 절차를 기술하는 것을 알고리즘(algorithm)이라 한다. 알고리즘을 기술할 때 그림으로 데이터의 흐름을 나타내는 플로우차트(flowchart)를 이용하는 방법과 프로그램 코드와 유사한 의사코드(pseudo code)를 이용하는 방법이 있다.

그림 3.1에 플로우차트를 이용해 1부터 50까지의 숫자 중 7의 배수를 출력하는 절차를 나타냈으며 그림 3.2에는 의사코드를 이용해 나타냈다.

앞의 플로우차트와 의사코드를 이용한 알고리즘 기술 그림은 flowgorithm 프로그램[1]을 사용해 작성한 것이다.

프로그램을 잘 작성하려면 주어진 문제에 대해 깊게 생각하고, 알고리즘을 잘 작성한 후 소스코드의 작성단계로 나아가야 한다.

위의 문제를 조금 더 일반화시켜 1부터 n까지의 정수 중 x의 배수를 출력하는 문제로 확장해 보자. 거의 같은 문제라고 할 수 있다. 이 문제의 해답은 다음과 같다.

```
# 반복문 안의 조건문
# ex1 : 1부터 n까지 x의 배수 출력
n = int(input('input number : '))
x = int(input('input x : '))
print('1부터 %d까지 %d의 배수' %(n,x))

i = 1
while i <= n:
    if i % x == 0:
        print(i, end= ' ')
    i = i + 1
```

1) http://www.flowgorithm.org/index.htm

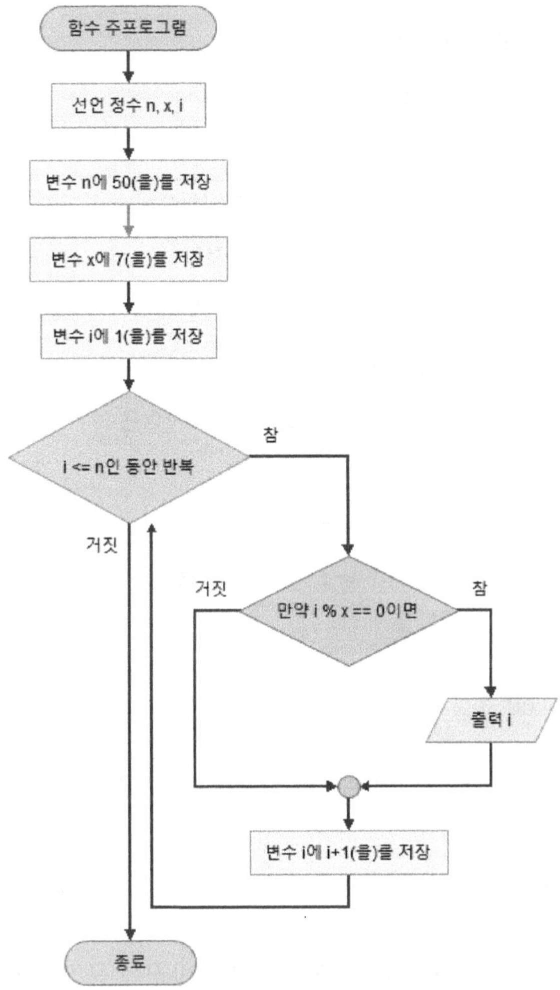

그림 3.1: 플로우차트를 이용한 알고리즘 기술

조건문 안의 반복문

또한 조건문 안에 반복문을 넣어 계산할 수 있다. 예를 들어 앞의 프로그램 3.5은 n이 양의 정수일때만 동작한다. 만약 이 프로그램을 n이 음의 정수이어도 동작하게 하려면 조건에 따라 달리 동작하도록 하는 부분을 추가해야 한다. 즉 조건에 따라 다른 반복문이 수행되도록 하면 된다.

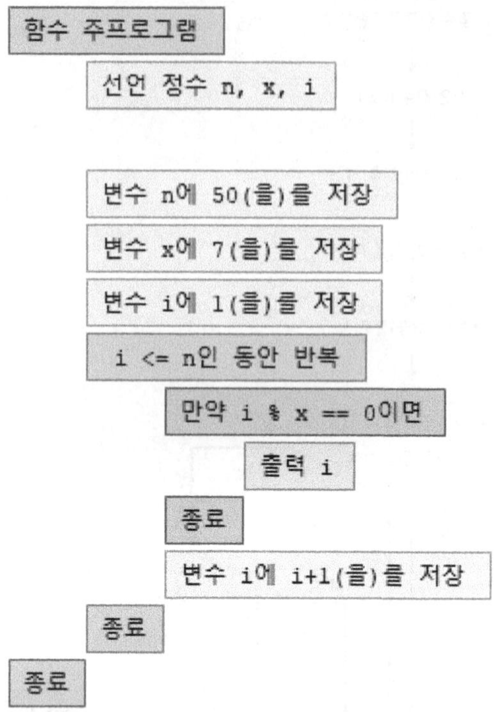

그림 3.2: 의사코드를 이용한 알고리즘 기술

3.3 기타 제어문

앞에서 배운 문장 이외에도 프로그램 수행의 순서를 바꾸는 문장이 몇 개 더 있다. 이러한 문장에는 break, continue, return 문 등이 있는 데 이것에 대해 공부해 보자.

3.3.1 break 문

반복문의 수행 도중에 어떤 조건에 다다르면 반복문에서 빠져 나오고 싶을 때가 있다. 이 경우에는 break 문을 사용하면 편리하다. 단 break 문은 중첩된 반복문에서는 그것과 가장 가까운 반복문에서만 빠져나올 수 있다.

다음의 예는 n=10부터 n= -10까지의 수의 역수(1/n)를 구하는 프로그램이다. break 문을 어떻게 사용하는 지 확인해 보라.

프로그램 3.6: break를 사용한 역수 계산

```
n = 10
while n >= -10 :
    if n == 0 :
        break
    inv = 1.0 / n
    print(inv)
    n = n - 1
```

0의 역수를 계산하지 못하기 때문에 계산을 중지하고 반복문의 수행을 멈추게 된다.

3.3.2 continue 문

continue 문은 반복문의 수행 도중에 어떤 조건에 다다르면 반복문에서 빠져 나오는 대신 나머지 계산을 생략하고 그 다음 차례의 계산을 계속하고 싶을 때 사용한다.

앞의 break 문의 예제인 역수 계산 문제에서 0의 역수를 계산하지 못하기 때문에 계산을 중지하고 반복문의 수행을 멈추게 된다. 이 경우 continue 문을 사용하면 0의 역수만 계산하지 않고 그 다음 수의 역수를 계속 계산할 수 있다. 프로그램 3.7을 실행해 continue 문이 어떻게 동작하는 지 확인해 보라.

프로그램 3.7: continue를 사용한 역수 계산

```
n = 10
while n >= -10 :
    if n == 0 :
        n = n - 1
        continue
    inv = 1.0 / n
    print(inv)
    n -= 1
```

3.3.3 return 문

return 문은 함수의 끝 부분에서 그 함수를 호출한 함수로 돌아갈 때 사용하는 문장이다. 돌아갈 때는 그냥 돌아갈 수도 있고 (이때는 꼭 return 문을 사용하지 않아도 함수의 끝에 다다르면 호출한 함수도 되돌아감) 또는 어떤 계산 값을 가지고 돌아갈 수도 있다.

```
return
return area
```

반복문과 함께 사용하는 else 문

드문 경우이기는 하지만 else 문을 반복문과 함께 사용할 수도 있다.

다음은 임의의 세 정수를 입력받는 for 문에서 음수가 한번도 입력되지 않는 경우에 break 문이 실행되지 않는다. 이 경우에 else 문이 실행된다.

```
for i in range(3):
    n = int(input('Type integer:'))
    if n < 0:
        break
else: # break가 호출되지 않을 때만 실행됨
    print('No negative number entered.')
```

while 문에서도 동일하게 else 문을 사용할 수 있다.

```
num = 3
i = 1
while i <= num:
    n = int(input('Type integer:'))
    if n < 0:
        break
    i += 1
else: # break가 호출되지 않을 때만 실행됨
    print('No negative number entered.')
```

연습문제

1. 특정한 조건에 따라 프로그램의 실행 순서가 바뀌는 문장은 무엇인가?
2. 같은 일이나 비슷한 일을 반복해 계속하고 싶을 때 사용되는 문장은?
3. 반복문 안에 또 다른 반복문이 들어 있는 문장은?
4. range() 함수가 어떻게 동작하는 지 설명하라.
5. break 문과 continue 문의 차이점에 대해 설명하라.

프로그래밍 문제

1. 1 mile은 1.6 km이다. 10 mile부터 200 mile까지 10 mile 간격으로 해당되는 mile이 몇 km인지 출력하는 프로그램을 만들라.
2. 임의의 크지 않은 자연수 n를 입력받아 n!(팩토리얼)을 계산해 출력하는 프로그램을 반복문을 이용해 작성
3. 임의의 자연수 n이 입력되면 2부터 n까지의 모든 소수를 출력하는 프로그램
4. 임의의 자연수 n이 키보드에서 주어지면 n의 약수를 모두 출력하는 프로그램
5. 임의의 자연수를 입력받으면 각 자리 수의 합을 출력하는 프로그램(예: 12345 입력하면 답은 15)
6. 임의의 금액 n이 입력되면(단 n의 최소 단위는 1000원) 그 금액을 만족하는 모든 경우를 출력하는 프로그램(중첩 반복문 사용)의 작성. 사용 단위는 지폐(50000, 10000, 5000, 1000원권)가 사용됨.
7. 아스키 코드표를 출력하는 프로그램(아스키값 32-126까지)
8. 윤년계산 방법을 이용해 2000년부터 2500년까지 윤년인 해를 출력하는 프로그램

제 4 장

파이썬 자료 구조

Contents

프로그램에서 자료를 저장하는 여러 가지 구조들이 있는 데, 이것을 자료 구조(data structure)라고 한다. 자료 구조는 서로 관련이 있는 자료들을 효율적으로 처리하고 저장하는 데 사용된다. 이 장에서는 문자열, 리스트, 튜플, 사전, 집합에 대해서 공부한다. 각각의 사용법에 대해 알아보고, 또한 특성이 어떤 것이 있는지 확인해 보자.

4.1 문자열

파이썬에서 문자열(string)은 'abc', "hello"처럼 연속적으로 이어진 글자들의 집합을 작은따옴표(' ') 또는 큰따옴표(" ")로 묶은 것이다.

문자열은 한줄인 경우에는 큰따옴표 또는 작은따옴표로 둘러싸며, 여러 줄로 계속되는 경우에는 연속적인 큰따옴표(또는 작은따옴표) 3개로 앞, 뒤를 둘러싸면 된다. 큰따옴표를 이용해 문자열을 만들더라도 print()로 출력하면 작은따옴표를 사용해 출력한다.

문자열의 기본 구조

```
문자열이름 = "글씨들" (또는 '글씨들')
(예) word = "Python" (word = 'Python')
```

문자열은 큰따옴표 또는 작은따옴표로 구분된다.

문자열의 예는 다음과 같다.

```
>>> str1 = "Python"
>>> str2 = 'language'
>>> str3 = """
multi-line
string
example
"""
>>> str3
'\nmulti-line\nstring\nexample\n'
```

문자열에는 인덱스(첨자)를 붙일 수 있는 데, 첨자는 대괄호 속에 표시한다. 가장 첫 글자의 첨자는 0이고 하나씩 증가한다. C 언어에서 처럼 구별된 문자형 데이터는 없고, 한 글자는 크기가 1인 문자열이다. 다음 예의 문자열은 길이가 6이므로 첨자는 0부터 5까지 있다.

```
>>> word = 'Python'
>>> word[0]   # 위치(첨자) 0의 문자
'P'
>>> word[5]
'n'
```

첨자는 문자열 오른쪽의 맨 끝에서부터 음수로 시작할 수도 있다. -0은 0과 같으므로 음의 첨자는 -1부터 시작한다.

```
>>> word = 'Python'
>>> word[-1]   # 마지막 문자
'n'
>>> word[-6]
'P'
```

다음 그림을 보면 문자열의 첨자를 더 잘 이해할 수 있다. 숫자의 첫 줄은 문자열의 첨자 0–6이며, 두번째 줄은 같게 대응되는 음의 첨자이다.

```
 +---+---+---+---+---+---+
 | P | y | t | h | o | n |
 +---+---+---+---+---+---+
   0   1   2   3   4   5
  -6  -5  -4  -3  -2  -1
```

지금까지 살펴본 것처럼 첨자 하나를 사용하는 것을 인덱싱(`indexing`)이라고 한다. 인덱싱 외에 첨자 두 개를 사용하는 슬라이싱(`slicing`)도 가능하다. 인덱싱이 첨자 하나만 사용하기 때문에 한 글자만 취할 수 있는 데 비해, 슬라이싱은 문자열의 일부를 얻을 수 있다. 슬라이싱은 첫 첨자(생략하면 기본값은 0)과 두번째 첨자(생략하면 기본값은 문자열의 길이)보다 하나 작은 위치까지의 문자열을 얻는 것이다.

다음의 여러 슬라이싱 예를 살펴보자.

```
>>> word = 'Python'
>>> word[0:2]   # 첨자 0부터 1(=2-1)까지
'Py'
>>> word[2:5]   # 첨자 2부터 4(=5-1)까지
'tho'
>>> word[:2]    # 첨자 0부터 1까지의 문자
'Py'
```

```
>>> word[4:]    # 첨자 4부터 끝까지
'on'
>>> word[-2:]   #
'on'
>>> word[:]
'Python'
>>> word[::]
'Python'
>>> word[::-1] #
'nohtyP'
>>> word[::2]
'Pto'
>>> word[::-2]
'nhy'
```

슬라이싱에서 첨자의 처음은 포함되고 마지막은 포함되지 않기 때문에 `word[:i] + word[i:]`는 항상 `word`와 같다.

```
>>> word = 'Python'
>>> word[:2] #처음부터 1까지 슬라이싱
'Py'
>>> word[2:] #2부터 끝까지
'thon'
>>> word[:2]+word[2:] #문자열 합치기
'Python'
```

너무 큰 첨자 번호를 사용하면 오류가 발생한다.

```
>>> word[42]  # the word only has 6 characters
Traceback (most recent call last):
  File "<stdin>", line 1, in <module>
IndexError: string index out of range
```

하지만 슬라이싱은 범위를 벗어나도 알맞게 잘 처리한다.

```
>>> word[4:42]
'on'
>>> word[42:]
''
```

문자열은 바꿀 수 없기 때문에 다음과 같이 바꾸려 하면 오류가 생긴다.

```
>>> word[0] = 'J'
  ...
TypeError: 'str' object does not support item assignment
```

만약 또 다른 문자열을 원하면 다음과 같이 슬라이싱을 이용하여 문자열을 새롭게 만들면 된다.

```
>>> word = 'Python'
>>> word2 = 'J' + word[1:]
>>> word2
'Jython'
```

내장함수 len()은 문자열의 길이를 계산한다.

```
>>> s = 'smiles'
>>> len(s)
6
```

문자열 처리

임의의 문자열을 입력받아 거꾸로 출력하는 프로그램을 작성해 보자.

```
outStr = ""
count, i = 0, 0

inStr = input("Type string : ") # 문자열을 입력받아
count = len(inStr)                # 문자열 길이 계산

for i in range(0, count) :
    outStr += inStr[count - (i + 1)] # 마지막 문자부터 추출하여 저장

print("Reversed string : %s" % outStr)
```

문자열 함수와 메소드의 차이

파이썬은 객체지향 프로그래밍 언어이기 때문에 사용되는 많은 것들이 객체(object)이다 (뒤의 클래스에서 자세히 배움).

객체는 관련되는 변수와 함수를 묶은 것인데, 문자열도 객체이다. 객체에 어떤 연산이나 동작을 하고 싶을 때 객체의 이름 바로 뒤에 점(.)을 붙인 후에 함수의 이름을 적는데 이 함수를 메소드 함수 또는 메소드(method)라고 한다.

이후의 내용 중 함수와 메소드를 명확히 구분하지 않고 그냥 함수라 사용하기도 한다. 파이썬에는 쉽게 프로그램에서 활용할 수 있는 다양한 문자열 처리함수와 메소드가 있다. 문자열 처리함수와 메소드의 이름을 알고 싶으면 파이썬 셸에서 다음과 같이 입력해 확인해 보자.

```
dir(str)
```

문자열 구성 파악 함수

각 문자열이 어떻게 구성되어 있는 지 쉽게 알아볼 수 있는 메소드가 제공되는 데, isdigit(), isalpha(), isalnum(), isupper(), islower(), isspace()가 있다. 이 메소드들은 이름을 보면 쉽게 짐작할 수 있듯이 각각 숫자, 대소문자 알파벳, 알파벳과 숫자, 대문자, 소문자, 공백문자를 파악할 때 사용된다. 이 메소드들은 연산의 결과를 True 또는 False로 반환한다.

s.isdigit()은 문자열 s 가 숫자로만 구성되어 있으면 True를 반환한다. 그렇지 않으면 False 를 반환한다 .

사용 예는 다음과 같다. 직접 실행해 결과를 확인해 보자. 문자열 메소드를 사용하는 방법은 문자열 변수 다음에 '.문자열메소드()'를 입력하면 된다.

```
'123'.isdigit() # 문자열에 숫자만 들어있나?
'abcABC'.isalpha() #문자열이 대소문자만 인가?
'Ab122'.isalnum() # 문자열이 문자+숫자 혼합인가?
'AB'.isupper() # 문자열이 대문자인가?
'ab'.islower() # 문자열이 소문자인가?
' '.isspace() # 문자열이 공백인가?
```

대소문자 변환 함수

upper()는 대문자로, lower()는 소문자로, swapcase()는 대소문자를 상호 변환, title()은 각 단어의 첫 글자를 대문자로 변환, capitalize( )는 첫 글자만 대문자로 바꾸는 함수이다.

사용 예는 다음과 같다. 직접 실행해 결과를 확인해 보자.

```
str = 'Python programming is easy!'
str.upper() # 대문자로 변환
str.lower() # 소문자로 변환
str.swapcase() #  대소문자 상호 변환
str.title() # 단어의 첫 글자를 대문자로 변환
```

문자열 찾기 함수

count(), find(), rfind(), index(), rindex(), startswith(), endswith() 함수가 있다. count()는 해당 문자열에서 특정 문자열이 포함된 개수를 반환하는 함수이고, find(), rfind()는 찾는 문자열의 처음 또는 마지막 위치를 반환하는 데 없으면 -1을 반환한다. index(), rindex()도 찾는 문자열의 처음 또는 마지막 위치를 반환하는 데 없으면 ValueError가 발생한다. startswith( ) 함수와 endswith() 함수는 각각 해당 문자열로 시작 또는 끝나는지의 여부를 True 또는 False로 반환한다.

사용 예는 다음과 같다. 직접 실행해 결과를 확인해 보자.

```
>>> str = 'Python programming is easy!'
>>> str.count('i') # 문자열에서 'i'의 수
2
>>> str.find('on') # 문자열에서 'on'의 처음 위치. 없으면 -1 반환
4
>>> str.rfind('sy') # 'sy'가 나오는 가장 나중 위치(또는 오른쪽부터 처음 위치)
24
>>> str.index('on') # 문자열에서 'on'의 처음 위치. 없으면 ValueError
4
```

문자열 공백 삭제, 변경 함수

문자열의 앞 뒤 공백이나 특정 문자를 삭제 또는 변경할 때 strip(), rstrip(), lstrip(), replace() 함수를 사용한다. strip()은 문자열 양쪽 끝을 자른다. rstrip(), lstrip()은 왼쪽끝, 오른쪽끝을 자른다. replace()는 문자열의 특정 부분을 변경할 때 사용한다. 사용 예는 다음과 같다. 직접 실행해 결과를 확인해 보자.

```
>>> str = ' hello '
>>> str.strip() # 양쪽에서 공백 제거
'hello'
>>> str # 원래 문자열은 변하지 않는다
```

```
' hello '
>>> str.rstrip() # 오른쪽 공백 제거
' hello'
>>> str.lstrip() # 왼쪽 공백 제거
'hello '
>>> str.replace('ll', 'RR')
' heRRo '
```

문자열 분리, 결합 함수

split(), splitlines(), join() 함수가 있다. split() 함수는 문자열을 분리해 리스트를 반환한다.

```
>>> s = 'a b' # a와 b 사이에 공백이 있다
>>> s.split() # s.split(None)와 같음
['a', 'b']
>>> str = 'abc'
>>> str.split('b') # 문자열을 ( )속의 문자로 분리
['a', 'c']
>>> '*'.join('hello') # *와 문자열의 각 문자를 하나씩 결합한 문자열 생성
'h*e*l*l*o'
```

문자열 정렬, 채우기 함수

center(), ljust(), rjust(), zfill() 함수가 있다. center(number)는 number만큼 자리를 잡은 후 문자열을 가운데 배치한다. ljust() 함수는 왼쪽에 붙여서 출력하고, rjust() 함수는 오른쪽에 붙여서 출력한다.

```
>>> str = 'abc'
>>> str.center(10)
'   abc    '
>>> str.center(10, '-')
'---abc----'
>>> 'he'.rjust(5) # 5자리를 오른쪽으로 정렬
'   he'
>>> 'he'.ljust(5) # 5자리를 왼쪽으로 정렬
'he   '
>>> 'he'.center(5) # 5자리를 가운데로 정렬
'  he '
```

```
>>> '12'.zfill(5) # 문자열 '12'의 왼쪽을 0으로 채워 5자리를 만든다
'00012'
```

문자열 처리 메소드에 대해 더 자세히 알고 싶으면 `https://docs.python.org/3/library/stdtypes.html#string-methods`를 참조 바람.

[예제] 사용자가 입력한 문자열에 대해 다음 각 프로그램을 작성하고, 실행해 보자.

1. 문자열의 문자수를 출력하라.
2. 문자열을 10번 반복한 문자열을 출력하라.
3. 문자열의 첫 번째 문자를 출력하라.
4. 문자열에서 처음 3문자를 출력하라.
5. 문자열에서 마지막 3문자를 출력하라.
6. 문자열의 문자를 거꾸로 출력하라.
7. 문자열에 7번째 문자가 있으면 출력하고, 없으면 '문자가 없음'이라는 메시지를 출력하라.
8. 문자열에서 첫 번째 문자와 마지막 문자를 제거한 문자열을 출력하라.
9. 문자를 모두 대문자로 변경하여 출력하라.
10. 문자를 모두 소문자로 변경하여 출력하라.
11. 문자열에서 'a'를 'e'로 대체하여 출력하라.

[프로그래밍 문제]

1. 문자 'a'가 들어가는 단어를 키보드에서 입력 받아 첫 번째 줄에는 'a'까지의 문자열을 출력하고 두 번째 줄에는 나머지 문자열을 출력하는 프로그램을 작성하라.

```
Your word: Buffalo
Buffa
lo
```

2. 숫자를 문자열로 변화하는 방법은 str(num)을 이용한다. str(12) ==> '12'가 된다. 반대로 문자열을 숫자로 변환하려면 int(string)을 이용한다. int('12') ==> 12가 된다. 이를 이용하여 1부터 1000까지의 숫자의 각 자리수의 합을 모두 구하라. 예를 들어 234 ==> 2+3+4=9가 된다.

4.2 리스트

여러 개의 데이터를 저장할 필요가 있을 때 리스트(list)를 사용한다. 예를 들어 학생 2명의 학점을 기록하기 위해 다음과 같이 사용할 수 있다.

```
studentScore1 = 3.95
studentScore2 = 2.98
```

만약 학생수가 1000명이라면 어떻게 해야 할까? 이런 경우에 필요한 것이 리스트이다.

리스트는 하나의 변수에 여러 개의 값을 할당하는 자료형이다. 리스트의 시작과 끝은 대괄호로 구분되며, 괄호 속에 콤마로 구분된 값(요소, item)들이 들어 있다.

리스트를 만들 때는 다음과 같이 만든다.

리스트의 기본 구조

```
리스트이름 = [요소1, 요소2, ...]
```

리스트는 다른 형태의 요소를 가질 수도 있으나, 대부분은 모두 같은 종류의 요소를 가진다. 다음은 리스트의 여러 예이다.

```
>>> odd = [1, 3, 5, 7, 9]
>>> squares = [1, 4, 9, 16, 25]
>>> squares
[1, 4, 9, 16, 25]
>>> a = [1, 'hello', 2, 'world', 1.23] # 리스트 요소는 어떤 것이라도 가능
```

요소가 없는 빈 공백리스트를 다음과 같이 만들 수 있다.

```
>>> empty = []
>>> empty
[]
>>> empty2 = list()
```

```
>>> empty2
[]
```

리스트의 인덱싱과 슬라이싱

리스트는 문자열처럼 인덱싱(요소 접근하기)과 슬라이싱(잘라내기)이 가능하다.

```
>>> squares = [1, 4, 9, 16, 25]
>>> squares[0]   # 리스트 요소 추출하기(인덱싱은 0부터)
1
>>> squares[-1] # 마지막 요소
25
>>> squares[0:3] # 0부터 2(=3-1)까지 잘라내기. 새 리스트 반환
[1, 4, 9]
>>> squares[-3:] # 뒤에서 3번째부터 마지막까지 잘라내기
[9, 16, 25]
```

슬라이싱을 이용하면 새로운 리스트를 만들 수 있다.

```
>>> other = squares[:]
>>> other
[1, 4, 9, 16, 25]
```

리스트 합치기

리스트는 다음과 같이 합치기(병합, concatenation) 연산도 가능하다.

```
>>> squares + [36, 49, 64, 81, 100] # 리스트 합치기
[1, 4, 9, 16, 25, 36, 49, 64, 81, 100]
>>> a = [1, 2, 3]
>>> b = [4, 5, 6]
>>> a + b # 리스트 합치기
[1, 2, 3, 4, 5, 6]
```

리스트의 요소 수정, 추가, 제거하기

내용을 바꿀 수 없는 문자열과 달리 리스트는 내용을 바꿀 수 있기 때문에 다음과 같이 사용할 수 있다.

```
>>> cubes = [1, 8, 27, 65, 125]  # something's wrong here
>>> 4 ** 3  # the cube of 4 is 64, not 65!
64
>>> cubes[3] = 64  # 리스트 요소 수정하기
>>> cubes # 수정된 리스트
[1, 8, 27, 64, 125]
```

새로운 요소를 append() 메소드를 이용해 리스트의 끝에 추가할 수 있다.

```
>>> cubes.append(216)  # add the cube of 6
>>> cubes.append(7 ** 3)  # and the cube of 7
>>> cubes
[1, 8, 27, 64, 125, 216, 343]
```

1부터 100까지의 수가 들어 있는 리스트를 만들려고 하면 어떻게 해야 할까? 비어있는 리스트에서 시작해 append() 메소드를 이용해 요소를 하나씩 추가하면 되겠다.

```
nlist = []
for i in range(1, 101):
    nlist.append(i)
print(nlist)
```

슬라이스에 대한 값의 지정도 가능하기 때문에 리스트의 크기를 바꾸거나, 내용을 모두 지울 수도 있다.

```
>>> letters = ['a', 'b', 'c', 'd', 'e', 'f', 'g']
>>> letters
['a', 'b', 'c', 'd', 'e', 'f', 'g']
>>> letters[2:5] = ['C', 'D', 'E'] # 리스트 요소 수정
>>> letters
['a', 'b', 'C', 'D', 'E', 'f', 'g']
>>> letters[2:5] = [] # 리스트 요소 제거
>>> letters
['a', 'b', 'f', 'g']
>>> letters[:] = [] # 리스트 요소를 모두 제거
>>> letters
[]
```

중첩 리스트

다음과 같이 리스트 안에 다른 리스트를 포함할 수도 있고, 다른 자료형을 포함한 복잡한 리스트도 가능하다.

```
>>> a = ['a', 'b', 'c']
>>> n = [1, 2, 3]
>>> x = [a, n]
>>> x
[['a', 'b', 'c'], [1, 2, 3]] # 리스트 요소가 리스트이다
>>> x[0]
['a', 'b', 'c']
>>> x[0][1] #중첩 리스트 요소 지정
'b'
```

2차원 리스트

2차원 리스트는 1차원 리스트를 여러 개 포함한 리스트이다. 다음 리스트를 보자. 리스트 안에 다른 리스트가 들어 있는 리스트이다.

```
list2d = [[1,2,3],[4,5,6],[7,8,9]]
```

이 리스트를 표 또는 2차원 행렬처럼 다음과 같이 사용해도 리스트의 표현은 동일하다. 2차원 리스트는 표의 칸에 값을 채웠을 때 생기는 값들의 집합이다.

```
list2d = [[1,2,3],
          [4,5,6],
          [7,8,9]]
```

2차원 리스트의 값에 접근하려면 다음과 같이 대괄호 2개를 사용한다.

```
>>> list2d[0][0]
1
>>> list2d[2][2]
9
>>>
```

2차원 리스트를 행렬로 본다면 첫 첨자는 행, 두번째 첨자는 열을 의미한다. 2차원 리스트를 행렬의 덧뺄셈 또는 곱셈 등에 사용할 수 있다.

내장 함수를 이용한 리스트 다루기

리스트의 길이를 알고 싶으면 내장함수 len()을 사용한다.

```
>>> letters = ['a', 'b', 'c', 'd']
>>> len(letters)
4
```

리스트의 요소 합, 최솟값, 최댓값 구하기는 다음과 같이 한다.

```
>>> num = [1, 2, 3, 4, 5]
>>> sum(num)
15
>>> min(num)
1
>>> max(num)
5
```

리스트의 연산 함수

리스트에 특정한 값을 추가하거나 삭제하는 등의 여러 연산을 할 수 있다. 표 4.1에 리스트를 다루는 여러 함수에 대해 요약하였다.

[**예제**] 리스트 요소 순서 테스트 프로그램

```
cars = ['taxi', 'sedan', 'bus', 'truck']
cars.sort()  # 리스트 요소 변경
print(cars)

cars.sort(reverse=True)
print(cars)

print("Here is the original list:")
print(cars)
print("\nHere is the sorted list:")
print(sorted(cars))  # 원래 리스트는 유지
print("\nHere is the original list again:")
print(cars)
```

표 4.1: 리스트를 다루는 여러 함수

함수명	사용 방법	설명
del()	del(List[pos])	List에서 pos 위치의 요소 삭제
len()	len(List)	List 요소의 전체 개수를 센다
sorted()	newList = sorted(List)	List 요소를 정렬해 newList 만듬
append()	List.append(val)	List 맨 뒤에 val 요소 추가
clear()	List.clear()	List의 내용을 지움
copy()	newList = List.copy()	List의 내용을 newList에 복사
count()	List.count(val)	List에서 val 값의 갯수를 센다
extend()	List.extend(newList)	List 뒤에 newList를 추가
index()	List.index(val)	val을 찾아 해당 첨자 반환
insert()	List.insert(pos, val)	List의 pos 위치에 val 삽입
pop()	List.pop()	List 맨 뒤에서 요소 삭제
remove()	List.remove(val)	List에서 val 값 요소 삭제(여러 개면 첫번째만)
reverse()	List.reverse()	List 요소를 뒤집어 역순으로 만듬
sort()	List.sort()	List 요소를 정렬

[예제] 리스트 역순으로 출력하기

```
cars = ['taxi', 'sedan', 'bus', 'truck']
print(cars)
cars.reverse()
print(cars))
```

리스트 함축

리스트 함축은 리스트 컴프리헨션(list comprehension)이라고도 하며, 짧게 리스트를 만들 수 있는 방법이다.

앞에서 1부터 100까지의 수가 들어 있는 리스트를 만들 때 비어있는 리스트에 숫자를 추가하는 방법으로 구현했는 데, 리스트 함축을 이용하면 다음과 같이 한줄의 문장으로 만들 수 있다.

```
nlist = [ i for i in range(1, 101) ]
```

다음과 같이 조건식이 추가된 리스트 함축의 사용도 가능하다.

1부터 100까지의 수 중 짝수만으로 구성된 리스트를 리스트 함축을 이용해 만든다.

```
[ i for i in range(1,101) if i % 2 == 0 ]
```

보통 리스트 함축은 다음과 같은 형식으로 만든다.

```
리스트 = [ 식 for 요소 in 반복객체(range(),리스트,튜플,문자열) ]
리스트 = [ 식 for 요소 in 반복객체(range(),리스트,튜플,문자열) if 조건식 ]
```

리스트 함축의 예를 몇 개 더 보이면 다음과 같다.

```
>>> [ n*n for n in range(1, 11) ]    # 1-10의 제곱을 포함하는 리스트를 생성
[1, 4, 9, 16, 25, 36, 49, 64, 81, 100]

>>> L = [1, 2, 3, 4]
>>> n = [ i for i in L if i % 2 == 0 ] # 리스트의 수 중 짝수 출력
>>> n
[2, 4]

>>> T = (1, 2, 3, 4)
>>> n = [ i for i in T if i % 2 != 0 ] # 튜플의 수 중 홀수 출력
>>> n
[1, 3]

>>> str = 'Programming'
>>> [ c.upper() for c in str ]          # 문자열의 글자를 대문자로 바꿈
['P', 'R', 'O', 'G', 'R', 'A', 'M', 'M', 'I', 'N', 'G']
```

리스트의 복사

리스트를 복사할 때 주의해야 할 점이 있다. 리스트의 복사에는 다음 두 종류가 있다.

- 얕은 복사(shallow copy) : 복사 전의 리스트와 복사 후의 리스트가 같은 메모리 공간을 공유하는 복사
- 깊은 복사(deep copy) : 복사 전 리스트와 복사 후 리스트가 별개의 다른 메모리 공간을 사용하는 복사

이 두 복사 방법의 차이점을 알기 위해 다음과 같이 숫자 4개로 이루어진 리스트 oList를 복사해 새 리스트 nList를 만든 후 oList의 맨 앞에 0을 집어 넣고, 제일 끝에 5를 추가한 후 결과를 출력하는 프로그램이다.

```
oList = [1, 2, 3, 4]
nList = oList
print('new list', nList)
oList.insert(0, 0) # index 0위치에 0 삽입
oList.append(5) # 끝에 5 추가
print('old list', oList)
print('new list', nList)
```

위 프로그램의 실행 결과는 다음과 같다.

```
new list [1, 2, 3, 4]
old list [0, 1, 2, 3, 4, 5]
new list [0, 1, 2, 3, 4, 5]
```

원래 있던 리스트 oList만을 변경했는 데 새로운 리스트 nList의 결과도 같게 변경되었기 때문에 두 리스트가 같은 메모리를 사용한다는 것을 알 수 있다.

이번에는 깊은 복사(deep copy)는 다음과 같이 세 가지 방법으로 할 수 있다. 프로그램을 실행해 결과를 확인해 보자.

```
oList = [1, 2, 3, 4]
nL1 = oList.copy() # 깊은 복사 방법 1
nL2 = oList[:]     # 깊은 복사 방법 2
nL3 = list(oList)  # 깊은 복사 방법 3

oList.insert(0, 0) # index 0 위치에 0 삽입
oList.append(5)    # 끝에 5 추가
print('old list', oList)
print('new list1', nL1)
print('new list2', nL2)
print('new list3', nL3)
```

실행 결과는 다음과 같다.

```
old list [0, 1, 2, 3, 4, 5]
new list1 [1, 2, 3, 4]
new list2 [1, 2, 3, 4]
new list3 [1, 2, 3, 4]
```

리스트 복사 후에 oList의 값을 변경했기 때문에 새로운 리스트 nL1, nL2, nL3의 값은 변하지 않았다는 것을 알 수 있다.

[예제]

1. 3명 이상의 친구 이름 리스트를 작성하고 다음 내용을 프로그램에 추가하라.
   - insert()로 맨 앞에 새로운 친구 추가
   - insert()로 3번째 위치에 새로운 친구 추가
   - append()로 마지막에 친구 추가
2. 리스트 [1, 2, 3]에 대해 다음과 같은 처리를 하라.
   - 두 번째 요소를 17로 수정
   - 리스트에 4, 5, 6을 추가
   - 첫 번째 요소 제거
   - 리스트를 요소 순서대로 배열하기
   - 인덱스 3에 25넣기

[프로그래밍 문제]

1. for 루프를 이용하여 다음과 같은 리스트를 생성하라.
   - 0–49까지의 수로 구성되는 리스트
   - 1–50까지 수의 제곱으로 구성되는 리스트
2. 크기가 같은 두 개의 리스트 L, M을 생성하고 두 리스트의 각 요소 합으로 구성되는 새로운 리스트를 생성하라. 예를 들어 L=[1,2,3]이고 M=[4,5,6]이면 [5,7,9]인 리스트 생성
3. 사용자로부터 5개의 숫자를 문자열로 입력 받아 각 숫자를 +로 연결한 문자열을 생성하라. 예를 들어 2, 5, 11, 33, 55를 입력하면 '2+5+11+33+55'를 생성하라.

4.3 튜플

튜플(tuple)은 쉼표로 구분된 여러 개의 요소로 정의되는 데, 보통 이 요소들을 소괄호로 묶는다. 튜플은 여러 개의 객체를 모아 담는 데 사용된다. 튜플은 리스트와 비슷하지만, 리스트 클래스에 있는 여러 기능이 없다. 또 튜플은 수정이 불가능하며(immutable), 그래서 주로 문자열과 같이 바꿀 수 없는 객체들을 담을 때 사용된다.

튜플은 다음과 같이 만든다.

튜플의 기본 구조

```
튜플이름 = ( 요소1, 요소2, ...)
```

튜플 만들기

다음과 같이 요소를 나열해 튜플을 만든다.

```
>>> t1 = (1,2,3) # ( ) 속에 요소를 나열하여 만든다
>>> t1
(1, 2, 3)
```

하지만 다음과 같이 소괄호 () 를 생략해 사용할 수도 있다. 가급적 이렇게 사용하지 않는 것이 좋다.

```
>>> t2 = 1,2,3 # () 없이 요소를 나열해서 만들 수도 있다.
>>> t2
(1, 2, 3)
```

요소가 하나인 튜플을 만들 때는 요소 뒤에 쉼표(,)를 붙여 만든다.

```
>>> t3 = 1, #요소가 한 개인 경우 ,를 붙인다
>>> t3
(1, )
```

튜플에 저장된 값들은 수정이 불가능하기 때문에, 주민등록번호, 학번 등의 정보를 저장할 때 사용하면 좋다. 단순한 값들의 목록을 다루는 구문이나 사용자 정의 함수에서 주로 사용된다.

튜플을 삭제할 때는 del() 함수를 사용한다.

```
del(t1)
```

튜플의 사용법

튜플의 특정 요소에 접근하려면 리스트처럼 다음과 같이 사용한다.

```
>>> t1 = (1,2,3)
>>> t1[1]
2
>>> t1[1:3]
(2,3)
```

튜플끼리의 덧셈과 튜플과 정수의 곱셈도 가능하다.

```
>>> t1 = (1,2,3)
>>> t2 = ('a','b')
>>> t1+t2 # 두 개의 튜플을 하나로 합치기
(1, 2, 3,'a','b')
>>> t1*2 # 동일한 튜플을 하나 더 생성하여 합치기
(1,2,3,1,2,3)
```

튜플의 요소를 굳이 바꾸고 싶으면, 튜플을 리스트로 변환해 요소를 변경한 다음, 리스트를 다시 튜플로 변환하는 방법을 사용한다. list(튜플) 함수와 tuple(리스트) 함수가 튜플과 리스트를 서로 변환하는 함수이다. 다음은 변경이 불가능한 튜플을 리스트로 바꾼 다음에, 요소를 추가한 후 다시 튜플로 변환하는 예이다.

```
>>> T1=(1,2,3)
>>> L1=list(T1) # 튜플을 리스트로 변환
>>> L1.append(4)
>>> T1=tuple(L1) # 리스트를 튜플로 변환
>>> T1
(1, 2, 3, 4)
```

튜플의 패킹과 언패킹

다음과 같이 여러 요소를 이용해 튜플을 만드는 것을 패킹(packing)이라고 하며,

```
>>> t  = (1, 2, 3)
```

튜플의 요소를 다음과 같이 하나씩 변수에 할당하는 것을 언패킹(unpacking)이라 한다.

```
>>> a, b, c = (1, 2, 3)  # 튜플의 요소를 하나씩 변수에 할당. 언패킹
>>> a
1
>>> b
2
>>> c
3
```

튜플의 메소드

튜플의 요소의 수를 세는 메소드는 count()이고,

```
>>> t  = (1, 2, 3, 2, 5)
>>> t.count(2) # 요소 2가 2번 나타남
2
```

위치를 알 수 있는 메소드는 index()인데, 같은 값이 2번 이상 있을 경우 처음 요소의 위치값을 반환한다.

```
>>> t  = (1, 2, 3, 2, 5)
>>> t.index(2)
1
```

[예제] 튜플을 이용하면 다음과 같이 정사각형의 넓이와 둘레를 한꺼번에 반환하는 함수를 작성할 수 있다.

프로그램 4.1: 튜플을 이용한 함수

```
def square(s) :
    area =  s*s
    circumference = 4*s
    return (area, circumference)

s = float(input("정사각형 한변의 길이 : "))
(a, c) = square(s)
print("정사각형 넓이="+str(a)+"둘레="+str(c))
```

4.4 딕셔너리

딕셔너리(dictionary, 사전)는 사전이나 전화번호부처럼 찾으려고 하는 단어(키, key)를 주면 대응되는 값(value)을 알 수 있는 자료구조이다. 쉼표 기호(,)로 구분되는 이 키(key):값(value)의 쌍이 순서 없이 나열되어 전체적으로 중괄호{ }로 묶인 자료구조가 딕셔너리이다.

딕셔너리 관련 동작

딕셔너리를 만들 때는 중괄호 {}를 사용하여 다음과 같이 키와 값의 쌍으로 구성한다.

```
>>> height = {'Jun':174, 'Kim':170, 'Lee':165}
>>> height
{'Jun': 174, 'Kim': 170, 'Lee': 165}
```

또는 dict() 함수를 이용해 다음과 같이 빈 딕셔너리를 만들 수도 있고, 여러 가지 자료구조를 다음과 같이 딕셔너리로 변환할 수 있다.

```
>>> test = dict()                         # 빈 딕셔너리의 생성
>>> test
>>> ll = [['a',0],['b',1],['c',2]] # 리스트의 리스트를 딕셔너리로 변환
>>> dict(ll)
{'a': 0, 'b': 1, 'c': 2}
>>> lt = [('a',0),('b',1),('c',2)] # 요소가 튜플인 리스트를 딕셔너리로 변환
>>> dict(lt)
{'a': 0, 'b': 1, 'c': 2}
>>> tl = (['a',0],['b',1],['c',2]) # 요소가 리스트인 튜플을 딕셔너리로 변환
>>> dict(tl)
{'a': 0, 'b': 1, 'c': 2}
>>> sl = ['a0', 'b1', 'c2']           # 두 글자 문자열 리스트를 딕셔너리로 변환
>>> dict(sl)
{'a': '0', 'b': '1', 'c': '2'}
>>> st = ('a0', 'b1', 'c2')           # 두 글자 문자열 튜플을 딕셔너리로 변환
>>> dict(st)
{'a': '0', 'b': '1', 'c': '2'}
```

특정한 키 값이 딕셔너리에 존재하는 지 알고 싶으면 다음과 같이 in 키워드를 사용해 확인한다.

```
>>> height = {'Jun':174, 'Kim':170, 'Lee':165}
>>> 'Kim' in height # in 연산자로 키가 있는지 조사
True
```

특정한 키에 대응되는 값을 알고 싶으면 다음과 같이 대괄호 안에 '키' 값을 주어 확인한다.

```
>>> height['Kim']
170
```

특정 요소의 값에 접근하려면 다음과 같이 키 값을 이용한다. (get() 메소드 사용도 가능)

```
>>> height['Lee']
165
```

위의 딕셔너리에 요소를 추가하려면 다음과 같이 키:값을 넣어준다.

```
>>> height['Ihm']=168 # 요소 추가하기
>>> height
{'Jun': 174, 'Kim': 170, 'Lee': 165, 'Ihm': 168}
```

특정한 키 값에 대응한 값을 수정하려면 다음과 같이 직접 값을 지정한다.

```
>>> height['Lee'] = 180 # 요소 수정하기
>>> height
{'Jun': 174, 'Kim': 170, 'Lee': 180, 'Ihm': 168}
```

딕셔너리의 '키'로 사용할 수 있는 것은 '키'가 변하지 않는 값이어야 한다. 따라서 '키'에 사용 가능한 것은 정수, 실수, 문자열, 튜플 등이다. '값'에 사용 가능한 것은 정수, 실수, 문자열, 리스트 등이다.

딕셔너리 관련 함수

딕셔너리의 쌍을 삭제하려면 del(딕셔너리이름[키]) 함수를 다음과 같이 사용한다.

```
>>> del(height['Ihm'])
```

특정 요소의 값에 접근하려면 다음과 같이 get() 메소드를 사용한다.

```
>>> height.get('Lee')
165
```

딕셔너리 변수의 키를 출력하려면 keys( ) 함수를, 값을 출력하려면 values( ) 함수를, 키–값 쌍을 출력하려면 items( ) 함수를 사용한다. 다음 사용 예와 같이 모두 해당되는 것을 리스트로 만들어 반환하는 데, items 함수는 key와 value의 쌍을 튜플로 묶은 값을 리스트로 반환한다 .

```
>>> height.keys() # 키 뽑아내기
dict_keys(['Jun', 'Kim', 'Lee', 'Ihm']) # iterable이 반환됨
>>> height.values() # 값 뽑아내기
dict_values([174, 170, 165, 168])
>>> height.items() # 요소 분리하기
dict_items([('Jun', 174), ('Kim', 170), ('Lee', 165), ('Ihm', 168)])
```

다음과 같이 하면 뽑아낸 키를 리스트로 변환할 수 있다.

```
>>> height = {'Jun': 174, 'Kim': 170, 'Lee': 180, 'Ihm': 168}
>>> dict_keys = height.keys()
>>> keys_list = list(dict_keys)
>>> keys_list
['Jun', 'Kim', 'Lee', 'Ihm']
```

특정 요소를 삭제하려면 pop() 메소드에 키값을 주어 사용한다.

```
>>> height.pop('Ihm') # 마지막 요소 제거
168
>>> height
{'Jun': 174, 'Kim': 170, 'Lee': 165}
```

딕셔너리를 초기화 하려면 clear() 메소드를 사용한다

```
>>> height.clear() # 요소 지우기. 빈 딕셔너리로 만든다
>>> height
{}
```

`d.has_key(x)` 함수는 딕셔너리 d에 x라는 key가 있으면 True를, 없으면 False를 반환한다.

딕셔너리 함축

딕셔너리 함축은 앞의 리스트 함축과 유사하다. 다음과 같이 사용하면 숫자 1부터 4까지의 수의 제곱에 해당되는 수를 표시할 수 있다.

```
>>> dic = {str(n)+'의 제곱' : n*n for n in range(1,5)}
>>> dic
{'1의 제곱': 1, '2의 제곱': 4, '3의 제곱': 9, '4의 제곱': 16}
```

[프로그래밍 문제]

1. 다음 딕셔너리에 대해 아래 물음에 답하는 프로그램을 작성하라.

```
days = {'January':31, 'February':28, 'March':31, 'April':30,
'May':31, 'June':30, 'July':31, 'August':31,'September':30,
'October':31, 'November':30, 'December':31}
```

- 사용자가 월을 입력하면 해당 월의 일수를 출력하라.
- 알파벳 순서로 모든 월을 출력하라.
- 일수가 31인 월을 모두 출력하라.
- 월의 일수를 기준으로 순서가 정해진 (key-value) 쌍을 출력하라.
- 사용자가 월을 3자리만 입력하면 월의 일수를 출력하라.(Jan, Feb 등)

2. 다음 딕셔너리에 대해 아래 물음에 답하는 프로그램을 작성하라.

```
d=[{'name':'Todd', 'phone':'555-1414', 'email':'todd@mail.net'},
{'name':'Helga', 'phone':'555-1618', 'email':'helga@mail.net'},
{'name':'Princess', 'phone':'555-3141', 'email':''},
{'name':'LJ', 'phone':'555-2718', 'email':'lj@mail.net'}]
```

- 전화번호가 8로 끝나는 사용자 이름을 출력하라.
- 이메일이 없는 사용자 이름을 출력하라.
- 사용자 이름을 입력하면 전화번호, 이메일을 출력하라. 이름이 없으면 '이름이 없습니다'라는 메시지를 출력하라.

4.5 집합(세트)

집합(set, 세트) 자료형은 중괄호 안에 요소들이 중복되지 않고, 순서없이 모여 있는 것으로 키만 모아 놓은 딕셔너리의 특수한 형태이다. 세트를 생성하려면 딕셔너리처럼 중괄호를 사용하지만 콜론(:) 없이 값을 입력한다.

집합은 포함된 요소들의 순서나 중복에 상관없이 묶음 자체를 필요로 할 때 주로 사용한다. 이 자료형은 집합의 연산 등에 사용되며, 요소의 중복이 허용되지 않는 특징을 이용해 리스트 또는 튜플의 중복 제거에 사용되기도 한다.

집합의 함수

빈 집합을 만들 때는 set() 함수를 이용하고, set에 요소의 갯수를 셀 때는 len() 함수, 요소를 추가할 때는 add()함수, 제거할 때는 remove() 함수를 이용한다.

```
>>> name = set(['Kim', 'Lee', 'Park'])
>>> numbers = {1,2,3}
>>> len(numbers)
3
>>> numbers.add(4)
>>> numbers
{1, 2, 3, 4}
>>> numbers.remove(4)
>>> numbers
{1, 2, 3}
```

집합의 연산

다음과 같은 교집합, 합집합, 차집합 연산도 가능하다.

```
>>> setA={1,2,3}
>>> setB={2,3,4}
>>> setA & setB # 교집합
{2, 3}
>>> setA.intersection(setB) # 이것도 교집합
{2, 3}
>>> setA | setB # 합집합
{1, 2, 3, 4}
>>> setA - setB # 차집합
{1}
```

또한 다음과 같이 집합끼리는 멤버십 테스트를 이용해 한 집합이 다른 집합의 부분집합인지 확인할 수 있으며, 부분집합 연산(issubset(), issuperset())도 가능하다.

```
>>> setA = {1, 2, 3}
>>> setB = {1, 2, 3}
>>> setA == setB  # 두 개의 집합이 같은가?
True

>>> setA = {1, 2, 3, 4, 5, 6}
>>> setB = {1, 2, 3}
>>> setB < setA     # 집합 B가 집합 A의 부분집합인가?
True
>>> setB.issubset(setA)  # 집합 B가 집합 A의 부분집합인가?
True
```

세트 함축

세트 함축도 앞의 리스트 함축과 딕셔너리 함축과 유사하다. 다음과 같이 사용하면 숫자 1부터 8까지의 수 중 짝수의 집합을 표시할 수 있다.

```
>>> even = { x for x in range(1, 9) if x%2 == 0 }
>>> even
{8, 2, 4, 6}
```

[예제] 집합은 요소의 중복이 허용되지 않는 특징이 있다. 이 특징을 이용해 1부터 45의 수 중에서 6개를 선택하는 로또 번호 생성 프로그램을 만들어 보자.

프로그램 4.2: 로또번호 생성 프로그램

```
#pick 6 from 1-45

import random

pick = set()  # 빈 집합
while True:
    n = random.randint(1,45)
    if n in pick:
        continue
    else:
        pick.add(n)
    if len(pick) == 6:
```

```
        break
print(pick)
print(sorted(pick))
```

continue와 break 문장을 사용하지 않고도 작성할 수 있는 다른 버전은 다음과 같다.

```
import random

pick = set() # 빈 집합
while len(pick) < 6:
    n = random.randint(1,45)
    if n not in pick:
        pick.add(n) # 집합에 요소 추가
print(pick)
print(sorted(pick)) # 숫자 순서대로 출력
```

4.6 기타 자료형

이상 언급한 자료형 중 각각의 요소들이 연속적으로 이어진 자료형을 시퀀스 자료형 (sequence types) 또는 순서 자료형이라고 한다. 이런 자료형에는 리스트, 튜플, range() 객체, 문자열, byte, bytearray가 있다.

bytes 자료형

bytes 자료형은 1바이트 단위의 값을 연속으로 저장하는 시퀀스 자료형으로 0–255의 정수로 구성된다. bytes로 바이트 객체를 만드는 방법은 3가지가 있다.

```
>>> bytes(3)                    # 0이 3개 들어있는 바이트 객체 생성
b'\x00\x00\x00'
>>> bytes([0,1,2,3])        # 리스트로 바이트 객체 생성
b'\x00\x01\x02\x03'
>>> b'python'           # 문자열 b를 붙여 바이트 객체 생성
b'python'
```

bytearray 자료형

bytearray도 1바이트 단위의 값을 연속적으로 저장하는 시퀀스 자료형이다. bytes는 요소를 변경할 수 없고, bytearray는 요소를 변경할 수 있다는 것이 차이점이다.

```
>>> a = bytearray(b'python')
>>> a[0] = ord('q')
>>> a
bytearray(b'qython')
```

연습문제

1. 읽기전용 자료를 만들 때 사용하는 자료형은?
2. 키와 값의 쌍을 저장하는 자료구조를 무엇이라 하는가?
3. list[start:end]와 같이 리스트안에서 범위를 지정해 원하는 원소를 선택하는 연산은 무엇인가?
4. 문자열의 길이를 계산하는 함수는 무엇인가?
5. 리스트의 뒤에 요소를 추가하는 메소드(함수)는?
6. 리스트, 튜플, 딕셔너리 등을 세트로 변환시켜 주는 함수는?

프로그래밍 문제

1. 리스트를 이용해 두 3×3 행렬의 덧셈을 계산하는 함수를 만들고 이를 실행해 보라.
2. 위 프로그램을 임의의 두 $m \times n$ 행렬의 덧셈을 계산할 수 있도록 확장해 보라.
3. 삼각형의 밑변과 높이가 주어지면 삼각형의 넓이와 둘레를 튜플로 반환하는 함수를 만들고 이를 실행해 보라.

제 5 장

함수의 소개

Contents

이 장에서는 함수의 사용법과 함수를 이용해 프로그램을 조금 더 계층적으로 작성하는 방법을 공부한다. 사용자가 함수를 정의해 사용하는 방법을 배우고, 지역변수와 전역변수의 차이점에 대해 알아본다. 매개변수의 전달 방법과 재귀호출 함수에 대해서도 공부한다.

5.1 함수의 기초

함수는 다시 사용할 수 있는 프로그램의 부분을 말한다. 여러 명령어 덩어리를 블록으로 묶어 이름을 지은 후, 그 이름을 필요할 때마다 불러 사용하면 그 블록에 포함된 명령어들을 여러 번 다시 실행할 수 있게 된다. 이것을 '함수를 호출한다'라고 한다. 즉 함수는 어떠한 값들을 넘겨받아 일을 처리한 후 그 결과를 출력하거나, 호출한 쪽으로 그 결과를 넘겨 주는 일을 하는 명령어들이 모인 것을 말한다.

앞에서 이미 사용한 라이브러리 함수인 print()가 함수의 한 예이다. 화면에 숫자 또는 문자를 출력하고 싶으면 우리는 print() 함수를 호출해 사용했다. 이외에도 `input()`, `int()`, `float()`, `range()` 등의 내장 함수들을 사용해 왔다.

이제부터는 프로그램을 작성할 때 함수가 중요한 단위가 되도록 작성하는 것이 좋다. 함수 사용의 장점은 다음과 같다.

- 프로그램 안에서 중복된 코드를 제거한다.
- 복잡한 프로그래밍 작업을 더 간단한 작업들로 분해할 수 있다
- 함수는 한번 만들어지면 다른 프로그램에서도 재사용될 수 있다.
- 함수를 사용하면 가독성(프로그램의 이해)이 증대되고, 유지 관리도 쉬워진다.

5.2 사용자 정의 함수의 작성

프로그램에서 여러 번 해야 할 일을 함수로 만들어 놓으면, 필요할 때마다 사용하는 사람은 그것을 불러서(호출해서) 이용할 수 있다.

사용자가 필요한 일을 하는 사용자 정의함수(user-defined function)를 만들고 그것을 호출하는 프로그램의 작성에 대해 살펴보자.

보통 함수는 다음과 같은 모양으로 작성된다.

```
def 함수이름(매개변수) :
    문장1
    문장2
    ...
    return 값
```

def 키워드는 함수를 정의하기 시작한다는 의미이고, 그 다음에 함수의 이름을 입력한다. 함수 이름을 작성할 때는 변수이름 만들 때와 유사한 방법으로 하면 된다. 소괄호 안에 있는 것을 **매개변수**라 한다. 매개 변수란 함수로 넘겨지는 값들의 이름이며, 함수는 이 값들을 이용해 일을 할 수 있다. 매개 변수는 변수와 거의 같이 취급되지만, 매개 변수의 값들은 함수가 호출될 때 넘겨받은 값들로 채워지며 함수가 실행되는 시점에 할당이 완료된다. 매개변수가 하나도 없으면 빈칸으로 두면 되고, 둘 이상인 경우에는 콤마(,)로 구분한다.

콜론의 다음 줄부터는 들여쓰기를 해서 함수의 몸체 부분을 완성한다. 들여쓰기를 하는 부분이 더 이상 없으면 함수의 몸체부분이 끝난다. 함수의 마지막 부분에서 반환값이 있으면 그것을 반환한다.

가장 간단한 함수

매개변수와 반환값이 없는 가장 간단한 함수는 다음과 같은 모양이다. 맨 마지막의 return 문장은 생략해도 된다.

```
def 함수이름() :
    문장1
    문장2
    ...
    (return)
```

hello, everybody! 라는 글자를 출력하는 간단한 함수 welcome()과 그 함수를 호출하는 프로그램은 다음과 같다.

```
def welcome() :    # 매개변수가 없다
    print("hello, everybody!")

welcome()    # 함수의 호출
```

직접 입력해 실행해 보자. 위 프로그램을 실행하면 1행부터 실행되는 것이 아니다. 1–2행은 함수의 정의 부분이므로 바로 실행되는 것이 아니다. 4행의 welcome()이 실행되어 이 함수를 호출하면, 1–2행의 함수 부분이 실행되어 글자가 출력된다.

반환값이 없는 함수

넘겨받는 매개변수는 있고 반환값이 없는 함수는 다음과 같은 모양이다. 맨 마지막의 return 문장은 생략해도 된다.

```
def 함수이름(매개변수) :
    문장1
    문장2
    ...
    (return)
```

앞의 프로그램은 항상 정해진 문자열만 출력하는 함수이기 때문에 별로 유용하지 않다.

출력할 문자열을 넘겨주면 그것을 출력하는 함수가 있으면 더 좋을 것 같다. 이런 함수를 만들어 보자. 출력할 문자열을 str이라는 매개변수로 넘겨받아 그것을 출력하는 함수 prtStr(str)과 그 함수를 호출하는 예를 만들어 보면 다음과 같다.

```
1 def prtStr(str) :    # str을 매개변수라 함
2     print("%s" %str)
3     return            # 반환값 없이 함수 종료. return을 생략해도 됨
4 
5 str = "Welcome to Python"
6 prtStr(str)    # 인자를 전달하여 함수 호출
```

1–3행은 함수의 정의 부분이고 함수의 반환값이 없는 경우에는 3번 행의 return 문장은 생략해도 무방하다(생략해도 동일한 실행 결과가 나오기 때문임). 프로그램의 실행은 5번 행부터 시작된다. 5행에서 문자열을 str 변수에 지정하고, 6행에서 str 변수값이 1행의 prtStr 함수에 전달되고, 2행에서 전달받은 str을 출력하므로 Welcome to Python이 출력된다.

보통 함수의 이름을 정할 때는 함수가 하는 일을 정확하게 설명하는 단어(동사와 명사)를 사용하는 것이 좋다. 적절하게 사용하면 굳이 주석을 붙이지 않아도 소스코드를 이해하기 쉽기 때문이다. 다음 예를 보자.

```
squareArea(side)        # 정사각형의 넓이 계산하는 함수
computeAverage(list)  # 평균을 구하는 함수
```

반환값이 있는 함수

넘겨받는 매개변수도 있고 반환값도 있는 함수의 일반적인 모양은 다음과 같다.

```
def 함수이름(매개변수) :
    문장1
    문장2
    ...
    return 값
```

예를 들어 정사각형의 넓이 계산을 위해, 한변의 길이가 s인 정사각형의 넓이를 계산하는 함수를 다음과 같이 정의하고, 필요한 만큼 함수를 호출해 사용하는 예는 다음과 같다.

```
1 def squareArea(s) :
2     area = s * s
3     return area    # area 값이 반환됨
4 
5 a = squareArea(5) # 인자 5를 함수에 전달. 함수의 반환값이 a에 저장
6 b = squareArea(7) # 인자 7를 함수에 전달. 함수의 반환값이 b에 저장
7 print("한변의 길이가 %d인 정사각형의 넓이는 %d" %(5, a))
8 print("한변의 길이가 %d인 정사각형의 넓이는 %d" %(7, b))
```

프로그램을 실행하면 5행의 squareArea(5) 문장이 실행되어 1행의 함수에 숫자 5가 s에 전달된다. 2행에서 면적이 계산되어 area에 저장된 후 3행에서 그 값을 호출한 곳으로 반환한다. 이 반환된 값이 5행에서 변수 a에 저장된다. 그 다음 6행의 squareArea(7)를 실행하면 유사한 절차에 따라 계산하여 반환된 값을 6행에서 b에 저장한다. 그 다음 7–8행에서 결과를 출력한다. 위의 2–3행처럼 간단한 계산인 경우에는 그 두 문장을 `return s*s` 한 문장으로 대신해 사용해도 된다.

함수를 정의할 때 함수이름 뒤 괄호 속에 주어진 이름을 매개 변수(parameter)라 하고, 함수에 넘겨준 값들을 인수 또는 인자(argument)라고 한다. 위의 예에서 s는 매개변수이고, 함수에 실제로 전달되는 값 5와 7이 인수이다.

조금 더 복잡한 함수를 이용한 프로그램을 작성해 보자.

1부터 50까지 합해서 그 결과를 a에 저장하고, 1부터 1000까지 합해서 그 결과를 b에 저장한다면 일의 본질은 같고 50까지 또는 1000까지 더하는 일만 다를 뿐이다. 이 경우에 1부터 n까지 더하는 일을 해주는 sum(n)이라는 함수를 만들어 사용하면 좋을 것 같다. 프로그램 5.1이 그 결과이다.

[예제] 1부터 n까지 더하는 sum(n) 함수와 그것을 호출하는 프로그램

프로그램 5.1: 합을 구하는 함수

```
def sum(n):        # 매개변수 n을 전달받는다
    sum = 0
    for i in range(1, n+1): # 1~n까지 반복
        sum = sum + i       # 합에 새로운 수를 더한다
    return sum      # 합을 반환

a = sum(50)
b = sum(1000)
print(a)
print(b)
```

기본적으로 함수를 이용한 프로그램의 작성은 위에서 설명한 것과 같은 방법으로 하면 된다.

5.3 지역변수와 전역변수

변수는 함수 안에서만 사용하는 지역변수(local variable)와 함수 밖에서도 사용할 수 있는 전역 변수(global variable)로 나눈다.

다음 프로그램에서 함수 func1()의 변수 v와 함수 func2()의 변수 v는 이름은 같지만, 서로 영향을 미칠 수 없는 전혀 다른 변수이다. 마치 실세계의 동명이인과 같은 것으로 생각하면 이해하기 쉽다. 이 프로그램을 실행해 보면 10과 20이 출력될 것이다.

```
# 함수 선언부
def func1() :
    v = 10      # 함수 func1()안의 지역 변수. func1()안에서만 유효
    print("func1()의 v = %d" % v)

def func2() :
    v = 20      # 함수 func2()안의 지역 변수. func2()안에서만 유효
```

```
    print("func2()의 v = %d" % v)

# 메인 코드 부분
func1()
func2()
```

이번에는 위 프로그램의 func2()의 내용을 약간 변경한 다음 프로그램을 살펴보자. func2() 안에 지역변수 v 값을 지정하지 않았지만 전역변수 v의 값이 정의되어 있기 때문에 그 값이 출력되어 실행 내용은 위와 동일하다.

```
# 함수 선언부
def func1() :
    v = 10      # 함수 func1()안의 지역 변수
    print("func1()의 v = %d" % v)

def func2() :
    print("func2()의 v = %d" % v) # 함수 func2()안의 전역 변수

# 전역변수 선언부
v = 20          # 전역 변수이므로 프로그램 내에서 유효

# 메인 코드 부분
func1()   # 지역 변수 값인 10을 출력
func2()   # 전역 변수 값인 20을 출력
```

함수 안에서 전역 변수의 값을 변경하려면 함수 안에서 global이라는 키워드로 전역 변수임을 알려주어야 한다. 이번에는 위 프로그램의 func2() 안에서 전역변수 v의 값을 변경한 후 실행해 v의 값이 어떻게 되는지 꼭 확인해 보라.

```
# 함수 선언부
def func1() :
    v = 10      # 함수 func1()안의 지역 변수
    print("func1()의 v = %d" % v)

def func2() :
    global v        # v를 전역 변수로 선언
    v = 30
    print("func2()의 변경된 전역 v = %d" % v) # 함수 func2()안의 전역 변수

# 전역변수 선언부
v = 20          # 함수 밖에서 정의 되었으므로 전역 변수
```

```
# 메인 코드 부분
func1() # 10을 출력
func2() # 30을 출력
```

5.4 복잡한 매개변수의 전달 방법

함수에서 매개변수를 전달할 때 앞에서 배웠던 내용에 추가해 몇 가지 방법을 더 소개한다.

매개변수의 기본 인수값 지정 전달

파이썬에서는 함수의 매개변수가 기본값을 가질 수 있다. 이것을 디폴트 인수(default argument)라고 한다. 함수를 호출할 때 인수를 선택적으로 넘겨주게 해 사용자가 값을 넘겨주지 않으면 자동으로 기본값을 사용하도록 하는 것이 편할 때가 있다. 함수를 선언할 때 원하는 매개 변수 뒤에 대입 연산자(=)와 기본값을 입력해 기본 인수값을 상수로 지정하면 된다.

다음 두 예를 실행해 결과를 확인하여 동작원리를 이해해 보자.

```
def prtMesg(message, count=1):
    print (message * count)

prtMesg('default')
prtMesg('Hi! ', 5)
```

```
def greet(name, msg="Nothing new?"):
   print("Hi! ", name + ', ' + msg)

greet("Abe")
greet("Bob", "Good morning!")
```

키워드 인수를 이용한 매개변수 전달

여러 개의 매개 변수를 가지고 있는 함수를 호출할 때, 그 중 몇 개만 인수를 넘겨주고 싶을 때가 있다. 이때 인수들이 위치가 아니고 키워드에 의하여 함수로 전달되는 방식으로 매개 변수의 이름을 지정하여 직접 값을 넘겨줄 수 있는데 이것을 키워드 인수 라 한다.

함수 선언시 지정된 매개 변수의 순서대로 값을 넘겨주는 것 대신, 매개 변수의 이름(키워드)을 사용해 각각의 매개 변수에 인수를 넘겨 주도록 지정해 준다.

키워드 인수를 사용하면 인수의 순서를 신경쓰지 않고 함수를 쉽게 호출할 수 있는 점과 특정한 매개 변수에만 값을 넘기도록 하여 나머지는 자동으로 기본 인수값으로 채워지게 할 수 있다는 장점이 있다.

다음 예를 실행해 결과를 확인해 보자.

```
def func(a, b=2, c=3):
    print('a=', a, 'b=', b, 'c=', c)
    return a + b + c

print(func(4, 5))
print(func(5, c=7))
```

매개변수의 개수가 가변인 경우의 전달

(이 부분은 뒤의 자료구조의 튜플과 딕셔너리를 배운 후 보는 것이 좋다.)

때로는 함수에 매개 변수의 개수를 임의로 지정해주고 싶을 때가 있다. 이것을 가변 매개 변수라 하는 데, 다음 예제와 같이 매개변수의 이름 앞에 별표(*)를 사용하여 인수(arguments)가 변할 수 있음을 표시한다. 별(*) 기호가 붙은 매개 변수를 예를 들어 *param 과 같이 매개 변수를 지정해 주면 함수에 넘겨진 모든 인수들이 'param' 이라는 이름의 튜플로 묶여서 넘어와 처리된다.

다음 예를 실행해 결과를 확인해 보자.

```
def total(*numbers):
    sum = 0
    for n in numbers:
        sum += n
    return sum

print (total(1,2,3))
print (total(1,2,3,4,5))
```

또 위와 비슷하게 앞에 별 두 개가 달린 매개 변수, 예를 들어 **param 과 같이 매개 변수를 지정하면 함수에 넘겨진 모든 인수들이 'param' 이라는 이름의 딕셔너리로 묶여서 넘어온다. 따라서 함수를 호출할 때 매개변수를 딕셔너리 형식의 '키=값' 형식으로 사용해야 한다.

다음 예를 실행해 결과를 확인해 보자.

```
def dicPresident(**keywords):
    for i in keywords.keys():
        print("%s : %d-th president" %(i, keywords[i]))

dicPresident(Kennedy=35, Obama=44, Trump=45)
```

5.5 pass 키워드

pass 키워드는 함수(또는 클래스)의 구현을 미룰 때 사용한다. 문법적으로 문장이 필요하지만 아직 아무 것도 구현되지 않은 곳에 pass를 사용한다. 예를 들어 구현해야 할 함수 f()가 아직 구현되지 않은 곳의 위치를 차지할 용도(placeholder)로 다음과 같이 사용한다.

```
def f(arg):
    pass
```

파이썬 셸에서 다음과 같이 입력하면 도움말을 볼 수 있다.

```
>>> help()
help> pass
```

5.6 람다(무명) 함수

람다(lambda, 무명) 함수는 이름은 없고 몸체만 있는 함수이다. 함수를 한 줄로 간단하게 만들어 사용한다. 파이썬에서 무명 함수는 lambda 키워드로 만들어진다.

lambda 함수의 기본 구조는 다음과 같다.

lambda 함수의 기본 구조

```
lambda parameters : expr
```

parameters는 매개변수, expr는 결과가 반환되는 식 다음은 람다함수의 예이다.

```
sum = lambda x, y: x+y # lambda는 계산값 x+y를 반환

print( "정수의 합 :", sum( 10, 20 ))
print( "정수의 합 :", sum( 20, 20 ))
```

두 개 이상의 값을 반환하려면 튜플을 사용한다.

```
lambda x, y: (x + y, x * y) # (x+y, x*y) 튜플을 반환
```

5.7 재귀호출 함수

재귀호출(recursion) 함수는 되부름 함수라고도 하며, 함수가 자기 자신을 부르게 작성된 함수를 말한다. 재귀호출 함수를 작성할 때는 함수가 종료되는 조건을 반드시 포함하도록 해야 한다. 그렇지 않으면 계속 자기 자신을 불러 시스템 자원을 소진시켜 비정상적으로 끝나게 된다.

재귀호출을 사용한다고 해서 기억장소(storage)가 절약되거나 속도가 빨라지지는 않는다. 하지만 프로그램이 간결해지고 이해하기가 쉬운 장점이 있다.

재귀호출 프로그램의 전형적인 예인 하노이 탑 프로그램을 살펴보자.

하노이 탑 옛날 하노이의 어느 수도원에서 그림 5.1과 같이 놓인 구멍이 뚫린 원판(디스크)를 움직이려고 했다. 초기 상태는 A, B, C 세 개의 말뚝이 있고, A에 64개의 원판이 차례대로 놓여 있는 데, 위의 원판은 바로 아래보다 작다. 주어진 임무는 두번째 말뚝 B를 이용하여 모든 원판을 말뚝 C로 옮기는 것이다. 단 조건은 원판은 한 번에 하나씩 옮기며, 어떤 경우에라도 위에 놓인 원판은 아래 원판보다 클 수 없다.

이 문제를 어떻게 풀 수 있을까? A에 있는 n개의 원판을 C로 옮기기 위해서는 다음 동작이 차례대로 되어야 한다.

1. A의 바닥에 있는 제일 큰 원판을 제외한 n-1개의 원판을 C를 이용해 B로 옮긴다.
2. 바닥의 제일 큰 원판을 A에서 C로 옮긴다.
3. 그 다음 B에 있는 n-1개의 원판을 A를 이용해 C로 옮긴다.

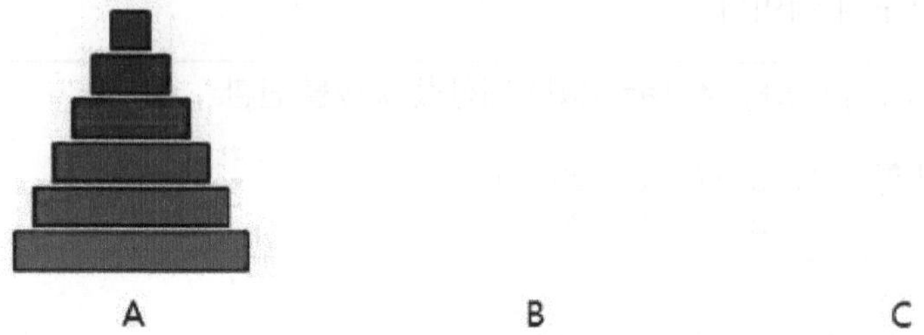

그림 5.1: 하노이 탑

위의 알고리듬에 따라 구현된 재귀함수 프로그램 5.2는 a 위치에 있는 n개의 원판을 b를 이용해 c로 옮기는 것이다.

프로그램 5.2: 재귀호출 – 하노이탑

```
# a에 있는 n개의 원판을 b를 이용해 c로 옮김
def move(n, a, b, c):
    if n > 0:
        move(n-1, a, c, b) # a에 있는 n-1개의 원판을 c를 이용해 b로 옮김
        print("Move a disk from %s to %s" %(a,c))
        move(n-1, b, a, c) # b에 있는 n-1개의 원판을 a를 이용해 c로 옮김

move(3, 'a', 'b', 'c') # a에 있는 3개의 원판을 b를 이용해 c로 옮김
```

프로그램의 동작을 이해하기 위해 원판 3개가 A 위치에 놓여 있는 그림을 그린 후 프로그램이 지시하는 대로 원판을 움직여 보자.

재귀호출 프로그램의 작성

재귀호출 프로그램 작성의 좋은 예는 자료구조를 배운 후 연결리스트나 트리의 조작에서 많이 찾아볼 수 있다. 여러 다른 책에서 재귀호출의 예로 많이 나타나는 다음 계산들은 사실 반복문을 사용해서 충분히 작성할 수 있으므로 재귀호출 사용의 좋지 않은 예라 할 수 있다.

- factorial(!) 의 계산
- power(x, n) 의 계산

- Fibonacci수의 계산 : $F_0 = 0, F_1 = 1, F_n = F_{n-1} + F_{n-2}$

그러나 아직 자료구조를 잘 모르는 상태이므로 부득이 재귀함수의 작성법을 익히기 위해 위의 함수중 factorial(!) 의 계산 함수를 재귀함수로 작성해 보자.

```
def factorial(n):
    if n == 0:
        return 1 # 재귀 함수 종료 조건. n=0이면 종료
    else:
        return n * factorial(n-1) # n! = n x (n-1)!

print(factorial(5))
```

잘 이해되지 않으면 그림을 그려가면서 이해해 보도록 하자.

5.8 내장함수

파이썬의 내장함수(built-in functions)는 추가 설치할 필요 없이 바로 호출해 사용하면 된다. 다음과 같은 내장함수가 있다.

```
abs(), all(), any(), ascii(), bin(), bool(), bytearray(), bytes(),
callable(), chr(), classmethod(), compile(), complex(), delattr(),
dict(), dir(), divmod(), enumerate(), eval(), exec(), filter(),
float(), format(), frozenset(), getattr(), globals(), hasattr(),
hash(), help(), hex(), id(), input(), int(), isinstance(),
issubclass(), iter(), len(), list(), locals(), map(), max(),
memoryview(), min(), next(), object(), oct(), open(), ord(), pow(),
print(), property(), range(), repr(), reversed(),  round(), set(),
setattr(), slice(), sorted(), staticmethod(),str(),sum(),super(),
tuple(), type(), vars(), zip(), __import__()
```

위의 내장함수 중 몇 개에 대해 사용법을 간단히 소개한다.

abs()는 절대값을 계산하고, round()는 반올림을 해준다. 사용시 주의사항 있음! 반올림할 때 짝수에 묶는 `"ROUND_HALF_EVEN"` 방식을 사용.

```
>>> abs(-2)
2
>>> round(1.4)
1
>>> round(1.5)
```

```
2
>>> round(10.5)
10
>>> round(11.5)
12
>>> f = 12.3456
>>> round(f, 2) # 소수점 2째 자리까지
12.35
>>> round(f, 3) # 소수점 3째 자리까지
12.346
```

all(seq)은 seq 요소가 모두 True이면 True를 반환하고, any(seq)는 seq 요소 중 하나라도 True가 있으면 True를 반환한다.

```
>>> all([1,-2,3])
True
>>> all([1,-1,0])
False
>>> any([1,-1,-5])
True
>>> any([0,0,0])
False
```

hex(), oct(), bin()은 각각 16진수, 8진수, 2진수로 변환하는 함수이다.

```
>>> bin(12)
'0b1100'
>>> oct(9)
'0o11'
>>> hex(125)
'0x7d'
```

chr(code)는 ASCII 코드값을 받아 문자로 출력하며, ord(ch)는 문자 ch에 대한 ASCII 코드를 반환한다.

```
>>> chr(0x41)
'A'
>>> ord('A')
65
```

eval(str)은 실행이 가능한 문자열 str을 입력으로 받아 그 문자열을 실행한 결과값을 반환한다.

```
>>> eval('1+2*3')  # 수식의 계산
7
>>> x, n = eval(input('x의 n 제곱은?:')); print(x**n)
x의 n 제곱은?:2, 5  # x, n을 튜플로 입력받아
32                  # x**n 출력
```

편해 보이지만 문자열 표현을 그대로 실행하기 때문에 매우 조심해 사용해야 한다. 사용자가 악의를 가지고 사용할 경우 시스템에 해로울 수 있기 때문이다(다음을 명령어 창에서 python 실행 후의 셸에서 실행해 보라. dir 대신 시스템의 파일을 모두 지우는 명령어가 입력된다면?).

```
eval("__import__('os').system('dir')")
```

dir([obj])은 obj의 모든 속성(변수와 메소드) 이름을 보여준다. dir(str)을 실행해 결과를 확인해 보라.

enumerate(iterable,start=0)는 번호와 iterable로 구성된 각 요소의 쌍을 iterable로 반환한다.

```
>>> enumerate('abc')
<enumerate object at 0x0000018341B23E10> # enumerate 객체 반환
>>> list(enumerate('abc')) # enumerate를 리스트로 변환
[(0, 'a'), (1, 'b'), (2, 'c')]
>>> dict(enumerate('abc')) # enumerate를 딕셔너리로 변환
{0: 'a', 1: 'b', 2: 'c'}
```

filter(func,seq)는 seq의 각 요소에 대해 func를 호출하여 결과가 True인 요소만 모아서 iterable로 반환한다.

```
>>> list(filter(lambda x: len(x)>2, ['this', 'is', 'a', 'test']))
['this', 'test'] # 리스트 요소 중에서 길이가 2보다 큰 요소만 모음
```

map(func,seq,*seqs)은 seq의 각 요소에 대해 func를 호출하여 실행하고 결과를 iterable로 반환한다.

```
>>> a = map(str.upper, 'abc')
>>> list(a)
['A', 'B', 'C']
```

max(s,*args,key=None[,default=...]) 와 min(s) 은 s(iterable) 값 중에서 가장 큰 값과 작은 값을 반환한다.

```
>>> max([1,3,9])
9
>>> min([1,3,9])
1
```

repr(obj) 는 obj를 문자열로 변환한다.

```
>>> repr(b'0011')
"b'0011'"
```

zip(seq,*seqs) 는 seq의 요소와 *seqs의 요소 쌍으로 이루어진 리스트 iterable을 반환한다.

```
>>> a=zip('abc', (1,2,3))
>>> list(a)
[('a', 1), ('b', 2), ('c', 3)]
```

더 자세한 내장함수 리스트와 사용 방법은 다음을 참조하자.

https://docs.python.org/3/library/functions.html

다양한 자료구조를 사용하는 함수의 작성

앞에서 배운 다양한 자료구조를 함수와 함께 사용할 수 있다.

먼저 임의의 리스트를 함수에 넘겨 내용을 출력하는 함수는 다음과 같다.

```
def prtList(L):
    for i in range(0, len(L)):
        print(L[i], end=' ')
    print()

def prt2List(L):
    for i in L:
        print(i, end=' ')
    print()

L = [1,2,3]
```

```
prtList(L)
prt2List(L)
```

또한 임의의 리스트를 넘겨받아 그 리스트의 요소를 제곱해 만든 새로운 리스트를 반환하는 함수도 다음과 같이 만들 수 있다.

```
def sqList(L):
    for i in range(len(L)):
        L[i] = L[i]*L[i]
    return L

L = [1,2,3,4,5]
L2 = sqList(L)
print(L2)
```

다음은 튜플을 이용한 함수의 예로 임의의 두 튜플을 넘겨받아 그 두 튜플을 합쳐 새로운 튜플을 만들어 반환하는 함수이다.

```
def funcTuple(T1, T2):
    return T1 + T2

t1 = (1,2,3)
t2 = (4,5)
T = funcTuple(t1, t2)
print(T)
```

다음은 딕셔너리를 이용한 함수의 예로 임의의 딕셔너리를 넘겨받아 그 내용을 출력하거나, 그 딕셔너리에 내용을 추가해 반환하는 함수이다.

```
def funcDic(D1):
    print(D1)
    return

def f2Dic(D):
    D.update({'c':3})
    return D

D={'a':1, 'b':2}
funcDic(D)
D2 = f2Dic(D)
print(D2)
```

다음은 세트를 이용한 함수의 예로 임의의 집합을 넘겨받아 그 두 집합의 합집합을 반환하는 함수이다.

```
def setUnion(S1, S2):
    S = S1.union(S2)
    return S

s1 = {1,2,3}
s2 = {3,4,5}
print(s1)
print(s2)
S = setUnion(s1, s2)
print(S)
```

연습문제

1. 소수 n은 1과 자기자신(n)을 제외하고 2부터 $n-1$ 사이에 약수가 하나도 없는 수이다. 임의의 수가 소수인지 판별하는 방법을 생각해 보자.

프로그래밍 문제

다음 각 함수를 구현하고 이를 시험하는 프로그램을 작성해 실행해 보라.

1. 두 개의 매개변수 n, m을 전달받아 m x n개의 * 상자를 출력하는 프로그램을 작성
2. 하나의 숫자를 전달받아 숫자의 자리 합을 구하는 함수를 작성. (예: 123 => 1+2+3 = 6)
3. 두 개의 문자열이 서로 다른 처음 위치를 반환하는 함수를 작성. 두 개의 문자열이 같으면 -1을 반환
4. 숫자를 전달받아 그 수의 약수를 반환하는 함수를 작성
5. 문자열과 하나의 문자를 전달받아 문자열에서 문자의 위치를 모두 찾아 리스트로 반환하는 함수를 작성
6. 반지름이 주어지면 원의 넓이를 계산하는 함수
7. 구의 부피를 계산하는 함수 sphereVolume()
8. 임의의 크지 않은 자연수 n를 매개변수로 받아 n!(팩토리얼)을 계산해 반환하는 함수
9. 두개의 정수가 주어지면 두수 중에서 더 큰 수를 찾아서 이것을 반환하는 함수
10. 섭씨 온도를 화씨 온도로 변환하여 반환하는 함수
11. 프로그램 3.5를 함수로 바꾸어 작성하라.
12. 위 프로그램은 n이 양의 정수라는 제약사항이 있다. n이 0 또는 음의 정수라도 동작하도록 함수를 확장해 보라.
13. 자연수 n이 매개변수로 주어질 때 소수이면 True, 소수가 아니면 False를 반환하는 함수 isPrime(n)를 만들고 이것을 이용해 2부터 m까지의 소수를 모두 출력하는 프로그램

14. 임의의 크지 않은 자연수 n을 매개변수로 받아 n!(팩토리얼)을 계산해 반환하는 함수 facto(n)를 만들고 이를 실행해 보라.

15. 삼각형의 밑변과 높이가 주어지면 삼각형의 넓이와 둘레를 튜플로 반환하는 함수를 만들고 이를 실행해 보라.

16. 가로 w, 세로 l, 높이 h인 직육면체의 겉넓이를 계산해 반환하는 함수 surfArea(w, l, h)를 작성하시오.

제 6 장

객체지향 프로그래밍과 클래스

Contents

이 장에서는 파이썬 언어로 작성할 수 있는 객체지향 프로그래밍 방법을 공부한다. 객체지향 프로그래밍의 기본 개념과 클래스에 대해 배운다. 생성자, 캡슐화, 상속 등에 대해서도 공부한다.

6.1 객체지향 프로그래밍

지금까지는 프로그램을 작성할 때, 데이터를 다루는 명령어들이 모여 있는 함수들의 조합으로 프로그램을 만들었고, 이와 같이 문제해결 순서에 맞게 호출하여 수행하는 방법이 절차적 프로그래밍(Procedural Programming) 기법이고 C, Fortran, Basic 등의 프로그래밍 언어에서 사용된다.

우리가 살고 있는 실제 세계의 모든 것들이 여러 객체(object)들로 구성되어 있는 것과 유사하게, 소프트웨어도 객체로 구성되어 있다는 생각에 바탕을 둔 프로그래밍 방법이 객체 지향 프로그래밍(OOP: object-oriented programming) 기법이다. 이 방법은 데이터와 기능을 묶어 객체를 만들고 이것을 바탕으로 프로그램을 만드는 방법이다. 객체지향 프로그래밍은 파이썬, 자바, C++ 등의 언어에서 사용한다.

객체 지향 프로그래밍에서 객체는 보통 다음과 같이 생각한다.

```
객체(object) = 속성(attribute) + 기능(method)
```

객체는 속성과 기능을 가지고 있다. 객체의 속성은 상태(state)라고도 하며, 객체의 기능은 동작(behavior)이라고도 한다. 예를 들어 자동차는 제조사, 모델, 년식, 색상, 속도 등의 속성이 있고, 가속, 감속, 좌회전, 우회전 등 자동차가 할 수 있는 기능이 있다.

객체 지향 프로그래밍은 이해하기가 조금 어렵지만, 제대로 이해하고 프로그래밍하는 방법을 배우면 나중에 고급 프로그램을 만들 때 쉽고, 유지 보수하기 쉬운 장점이 있다.

파이썬에서는 모든 것이 다 객체이다. 문자열도 객체이고, 리스트도 객체이며, 심지어 정수도 객체이다. 셸에서 다음과 같이 입력하여 각각의 객체가 어떤 형태인지 확인해 보자.

```
>>> strVar = "test"
>>> type(strVar)
<class 'str'>
>>> L=[1,2,3]
>>> type(L)
<class 'list'>
```

```
>>> type(10)
<class 'int'>
```

6.2 클래스

객체지향 프로그래밍에서 가장 핵심적인 내용은 클래스(class)인데, 객체를 표현하기 위해 클래스를 만들어 사용한다.

일반적으로 클래스는 다음과 같은 모양으로 작성된다. 생성자, 멤버함수(들), 클래스변수는 들여쓰기를 한 블록에 정의한다. 클래스 이름의 첫 글자는 대문자로 하는 것이 일반적인 관습이다.

클래스의 기본 구조

```
class 클래스이름 : # class 키워드로 정의
    클래스변수(옵션)
    메소드(들)
```

클래스의 몸체는 클래스변수와 메소드로 구성됨

가장 간단한 클래스를 다음과 같이 셸에서 만들어 시험해 보자.

```
>>> class Test: # 클래스 정의
        pass
>>> t = Test()    # 객체 생성
>>> print(t)
<__main__.Test object at 0x04217A70>  #t는 Test 객체이다
```

pass문을 이용해 아무 것도 정의하지 않은 클래스 Test를 만들었다. 이 경우 인스턴스 t를 만들고 난 후(빈 클래스로도 인스턴스를 만들 수 있다) print문으로 결과를 확인해 보면 이 객체는 main 모듈의 Test 클래스의 인스턴스임을 알 수 있다.

보통 속성은 변수로, 동작은 메소드(또는 멤버함수)로 구현한다.(클래스 안에서 구현되는 함수를 메소드라 한다.) 위와 같이 객체에 대한 속성과 동작을 작성하는 설계도를 클래스(class)라고 하며, 클래스로부터 만들어지는 각각의 객체를 그 클래스의 인스턴스(instance)라고 한다.

앞에서 예로 든 자동차를 클래스로 표현한 것이 프로그램 6.1이다.

프로그램 6.1: 클래스를 사용한 프로그램

```
1  class Car :
2      def __init__(self, color, speed) : # 초기화 메소드
3          self.color = color          # 인스턴스 변수 정의
4          self.speed = speed
5
6      def speedUp(self, v): # 가속 메소드. 1번째 매개변수는 self
7          self.speed = self.speed + v
8          return self.speed
9
10     def speedDown(self, v): # 감속 메소드
11         self.speed = self.speed - v
12         return self.speed
13
14 c1 = Car('black', 50)
15 c2 = Car('red', 70)
16 print('Car c1 : color=%s, speed=%d ' %(c1.color, c1.speed))
17 print('Car c2 : color=%s, speed=%d ' %(c2.color, c2.speed))
18 c1.speedDown(10)          # 차 c1의 속도 10만큼 감속
19 print('Car c1 : speed=%d' %c1.speed)
```

6.3 생성자

생성자(constructor)는 인스턴스를 생성할 때 무조건 호출되는 메소드인데, 반드시 이름을 `__init__()`라고 붙인다. 매개변수에 self만 있는 생성자를 기본 생성자라고 한다.

프로그램 6.1의 2–4행이 생성자를 정의한 것인데 생성자의 첫 매개변수인 self는 클래스 인스턴스이다. self를 사용하는 이유는 메소드 안에서 필드에 접근하기 위해서이다. 메소드 안에서 필드에 접근할 일이 없다면 self를 생략할 수 있다. 하지만 거의 모든 메소드의 첫번째 매개변수에 self를 사용한다. 위의 생성자는 self 외에 두 개의 매개변수 `color`, `speed`가 있다. 이렇게 생성자를 만들어 사용하면 인스턴스를 생성하면서 필드 값을 초기화까지 할 수 있어 편리하다.

14–15행에서 객체를 만들 때는 클래스 이름 뒤에 ()를 붙이고 괄호 속에 인자를 주면 되는 데, 속도가 50인 검은색 차와 속도가 70인 빨간색 차를 각각 만들었다. 16–17행에서 두 차의 정보를 출력하고, 그 다음에 차 c1의 속도를 10만큼 감속한 후, 속도 정보를 출력했다.

6.4 캡슐화

사람을 표현하기 위해 People이라는 이름의 클래스를 다음과 같이 정의해 보자.

처음 인스턴스를 만들 때 나이와 이름을 갖도록 생성자를 작성한다. 프로그램 6.2는 두 인자 20과 'Kim을 넘기면서 생성자를 불러 나이가 20이고 이름이 'Kim'이라는 객체(인스턴스)를 생성하도록 한다.

프로그램 6.2: 캡슐화의 필요성 예시

```
class People :
    def __init__(self, age=0, name=None):
        self.__age = age
        self.name = name

p1 = People(20, 'Kim')
print(p1.name)
print(p1.__age)
```

프로그램 6.2를 실행해 보면 이름은 Kim이라고 제대로 출력하지만 나이는 제대로 출력되지 않고 아마도 다음과 같은 에러를 만나게 될 것이다.

```
AttributeError: 'People' object has no attribute '__age'
```

이런 차이가 발생한 이유는 나이(age)의 변수명 앞에는 '__'가 있고, 이름(name)의 변수명 앞에는 '__'이 없기 때문이다. 클래스 안에서 만든 변수의 이름 앞에 '__'를 추가해 사용하면 그 변수의 값을 외부에서 읽거나 변경하지 못한다. 따라서 `self.name`도 변수의 이름 앞에 '`self.__name`'으로 바꿔 쓰는 것이 좋다.

이와 같이 데이터와 알고리즘을 하나로 묶어 공용 인터페이스만 제공하고 구현의 세부 사항을 감추는 것을 **캡슐화(encapsulation)**라고 한다.

감춘 인스턴스 변수 값을 알고 싶거나, 바꾸고 싶을 때 사용할 수 있도록 클래스 내부에 인스턴스 변수값을 반환하는 접근자(getter)와 인스턴스 변수값을 설정하는 설정자(setter)를 구현하는 것이 좋다. 접근자와 설정자는 각각 get과 set으로 시작하는 이름으로 만드는 것이 관례이다.

접근자와 설정자를 이용해 인스턴스 변수에 접근하는 예를 프로그램 6.3에 보였다.

프로그램 6.3: 접근자와 설정자를 사용한 프로그램

```
class People :
    def __init__(self, age=0, name=None):
        self.__age = age
        self.__name = name

    def getAge(self):
        return self.__age

    def getName(self):
        return self.__name

    def setAge(self, age):
        self.__age = age

    def setName(self, name):
        self.__name = name

p1 = People(20, "Kim")
print(p1.getName())
print(p1.getAge())
```

6.5 상속

객체 지향 프로그래밍의 또 다른 장점은 코드를 재사용 할 수 있다는 것인데 이를 위한 한 가지 방법으로 상속이 사용된다. 상속은 클래스 간의 형식과 세부 형식을 구현하는 것이다.

클래스의 상속(inheritance)은 기존에 존재하는 클래스로부터 코드와 데이터를 이어받고 자신이 필요한 기능을 추가하는 기법이다. 따라서 상속을 받으면 부모클래스보다 자식클래스의 정보가 더 구체화되고 많아진다.

상위 클래스를 부모클래스(parent class) 또는 수퍼 클래스(super class)라 하고, 하위 클래스는 자식클래스(child class) 또는 서브 클래스(sub class)라 한다.

상속을 구현하는 방법은 서브 클래스를 정의할 때 괄호 안에 수퍼클래스의 이름을 넣는다.

```
class subClass이름 (superClass이름) :
```

프로그램 6.4는 People 클래스를 상속받아 Teacher 클래스를 구현한 예이다.

프로그램 6.4: 상속을 구현한 프로그램

```
1  class People :
2      def __init__(self, age=0, name=None):
3          self.__age = age
4          self.__name = name
5
6      def introMe(self):
7          print("Name :", self.__name, "age :", str(self.__age))
8
9  class Teacher(People) :
10     def __init__(self, age=0, name=None, school=None) :
11         super().__init__(age, name) # 부모클래스 호출. self 매개변수 없음
12         self.__school = school      # 자신의 인스턴스변수 추가
13
14     def showSchool(self):
15         print("My school : ", self.__school)
16
17 p1 = People(29, "Lee")    # People 객체 호출
18 p1.introMe()              # People.introMe() 호출
19
20 t1 = Teacher(48, "Kim", "HighSchool")    # Teacher 객체
21 t1.introMe()                             # People.introMe() 호출
22 t1.showSchool()           # Teacher.showSchool() 호출
```

Teacher 클래스는 People 클래스를 상속받아(9행), 학교의 이름을 추가했고(10–12행), 자기 자신을 소개하는 메소드 introMe()는 부모클래스의 메소드 introMe()를 그대로 상속받아 사용하고 있다. 대신 학교의 이름을 알리는 메소드 showSchool()을 추가했다(14–15행).

부모 클래스의 메소드를 그대로 이어 받아 사용하려면 자신의 메소드 이름 앞부분에 super().을 붙이고 매개변수에서는 self를 빼고 사용한다.(11행)

이와 같이 모든 사람에 공통적인 내용은 부모클래스인 People 클래스에 구현하고, 교사에게 필요한 내용은 자식클래스에 구현하는 것이 상속을 이용한 프로그래밍 방법이다.

6.6 메소드 오버라이딩

자식클래스에서 부모클래스의 메소드 중 필요한 부분을 수정해 다시 정의해 사용하는 것을 메소드 오버라이딩 (method overriding) 이라고 한다.

앞의 프로그램 6.4를 주의 깊게 보면 Teacher 클래스에 showSchool() 메소드를 추가했는 데, 이 메소드가 하는 일은 학교의 정보를 보여주는 일에 불과하다. 부모클래스에 이미 존재하는 introMe() 메소드를 상속받아 여기에 학교의 정보를 보여주는 것을 추가하는 것이 더 낫다. 이렇게 작성된 것이 프로그램 6.5이다. 이 프로그램은 새로운 클래스인 Student 클래스도 추가로 정의했는 데, Student 클래스는 학교이름과 학년정보를 포함하는 인스턴스 변수를 갖고 있다.

프로그램 6.5: 상속과 메소드 오버라이딩을 구현한 프로그램

```
class People :
    def __init__(self, age=0, name=None):
        self.__age = age
        self.__name = name

    def introMe(self):
        print("Name :", self.__name, "age :", str(self.__age))

class Teacher(People) :
    def __init__(self, age=0, name=None, school=None) :
        super().__init__(age, name) # 매개변수에 self 없음에 주의
        self.__school = school

    def introMe(self):
        super().introMe()
        print("School : ", self.__school)

class Student(Teacher) :
    def __init__(self, age=0, name=None, school=None, grade=None) :
        super().__init__(age, name, school) # 매개변수에 self 없음에 주
        ↪ 의
        self.__grade = grade

    def introMe(self):
        super().introMe()
        print("Grade : ", self.__grade)

p1 = People(29, "Lee")              # People 객체
```

```
28 p1.introMe()
29
30 t1 = Teacher(48, "Kim", "HighSchool")   # Teacher 객체
31 t1.introMe()
32
33 s1 = Student(17, "Park", "HighSchool", 2)
34 s1.introMe()
```

Teacher 클래스는 People 클래스를 상속받아(9행), 학교의 이름을 추가했고(10–12행), 자기 자신을 소개하는 메소드도 부모클래스의 메소드에 학교이름을 알리는 것을 추가했다(14–16행). 또한 Student 클래스도 Teacher 클래스를 상속받아(18행) 학년을 추가했고(21행), 자기 자신을 소개하는 메소드는 부모클래스의 메소드에 학년을 알리는 것을 추가했다(25행).

이와 같이 자식클래스에서 부모클래스의 introMe() 메소드를 상속받고, 필요한 부분을 수정해 다시 정의해 사용하는 것이 메소드 오버라이딩이다.

인스턴스를 속성으로 사용

클래스를 이용해 프로그램을 작성하다 보면 클래스의 세세한 내용까지 계속 추가하게 된다. 이 경우 커진 클래스의 일부분을 잘라내 별도의 클래스로 만들 수 있다. 예를 들어 전기차(ElectriCar) 클래스의 속성인 배터리(Battery) 인스턴스를 별도의 클래스로 만들고 이를 전기차 클래스의 속성으로 사용할 수 있다. 프로그램 6.6을 보자.

프로그램 6.6: 인스턴스를 속성으로 사용한 프로그램

```
class Car():
    # to represent a car
    def __init__(self, make, model, year):
        self.make = make
        self.model = model
        self.year = year
        self.odometer_reading = 0

    def get_car_name(self):
        long_name = str(self.year) + ' ' + self.make + ' ' +
        ↪ self.model
        return long_name.title()

class ElectricCar(Car):
```

```
14      def __init__(self, make, model, year):
15          # Initialize attributes of the parent class.
16          super().__init__(make, model, year)
17          self.battery = Battery()
18
19  class Battery():
20      #  to model a battery for an electric car.
21      def __init__(self, battery_size=70):
22          # Initialize the battery's attributes.
23          self.battery_size = battery_size
24      def describe_battery(self):
25          # a statement describing the battery size.
26          print("This car has a " + str(self.battery_size) + "-kWh
            ↪  battery.")
27
28  my_tesla = ElectricCar('tesla', 'model s', 2016)
29  print(my_tesla.get_car_name())
30  my_tesla.battery.describe_battery()
```

17번 행에서 전기차 인스턴스의 속성인 배터리를 별도의 클래스 19–26행으로 독립해 사용한 것을 볼 수 있다.

6.7 다형성

다형성(polymorphism)은 "많은(poly)+모양(morph)"이라는 의미인데, "함수 또는 연산의 의미가 전달된 객체(인자)에 따라 달라지는 것"을 말한다. 다형성을 이용해 객체들의 타입(클래스)이 다르면 같은 메시지가 전달되더라도 다른 동작을 하게 할 수 있다.

예를 들어 2 + 3은 5이지만 '2' + '3'은 '23'이 되고, 'hello ' + 'world'는 'hello world'가 되는 것처럼 + 연산의 기능이 객체에 따라 달라지는 것을 의미한다.

또한 class를 예로 들어 설명하면 다음 프로그램을 실행시 동일한 함수 sayhello()를 호출해도 그 함수가 전달되는 객체(이 예제의 경우에는 사람)이 Kim 또는 John이냐에 따라 "안녕하세요"나 "Hello"가 출력된다. 즉 객체에 따라 sayhello()의 동작이 달라지게 되는 데 이것이 다형성이다.

```
class Korean(object):
    def greeting(self):
        print("안녕하세요")
```

```
class American(object):
    def greeting(self):
        print("Hello")

def sayhello(people):
    people.greeting()

Kim = Korean()
John = American()
sayhello(Kim)
sayhello(John)
```

6.8 클래스 변수와 인스턴스 변수

객체가 생성될 때 그 안에서 만들어져 사용되는 변수를 인스턴스 변수라 하고, 클래스 안에서 메소드와 같은 수준에서 생성되어 모든 객체가 이를 공유하는 변수를 클래스 변수라 한다.

어떤 기계장치가 생산될 때마다 제품번호가 하나씩 증가하는 경우가 있다고 하자. 이런 경우에는 인스턴스 변수보다는 클래스 변수를 사용하는 것이 좋다.

프로그램 6.7의 sNumber가 제품번호를 나타내는 클래스 변수이다. 새로운 제품(인스턴스)이 만들어 질 때마다 생성자에서 sNumber 변수가 하나씩 증가한다.

프로그램 6.7: 클래스변수를 사용한 프로그램

```
class Machine:
    sNumber = 0
    def __init__(self):
        Machine.sNumber += 1
        self.number = Machine.sNumber

m1 = Machine()
print(m1.sNumber)
m2 = Machine()
print(m2.sNumber)
```

6.9 object 클래스

파이썬에서 클래스를 만들 때 부모 클래스를 명시적으로 지정해 주지 않으면 object 클래스의 자식 클래스로 생각한다. 즉 모든 클래스의 위에는 object 클래스가 있다. 따라서 클래스를 정의할 때 `class className:`와 `class className(object):`는 동일하다.

object 클래스에 정의된 모든 메소드는 앞, 뒤에 2개의 밑줄(__)이 있는 특수 메소드이다. 이 중 몇 개의 메소드를 요약하면 다음과 같다.

`__new__()` 메소드는 객체가 생성될 때 자동으로 호출된다. 그 다음 이 메소드는 객체를 초기화하려고 `__init__()` 메소드를 호출한다. 보통은 새 클래스에 정의된 데이터 필드를 초기화하기 위해 `__init__()` 메소드만 오버라이드 하면 된다.

`__str__()` 메소드는 객체의 클래스 이름과 객체의 메모리 주소로 구성된 객체에 대한 설명을 문자열로 반환한다.

다음 프로그램을 실행해 보라.

```
class People(object) :

    def __init__(self, age=0, name=None):
        self.__age = age
        self.__name = name

    def __str__(self):
        return super().__str__()

p1 = People(29, "John")
print(p1)
```

`__str__()` 메소드가 object 클래스의 메소드를 그대로 상속받아 사용했기 때문에 클래스 이름과 메모리 주소 정보밖에 없다.

```
<__main__.People object at 0x03675FB0>
```

따라서 객체에 대한 상세 정보를 반환받고 싶으면 다음과 같이 `__str__()`메소드를 오버라이드해 사용해야 한다.

```
def __str__(self):
    return "info -- Name : "+self.__name+" age :"+ str(self.__age)
```

연습문제

1. 다음은 은행 계좌를 나타내는 클래스의 시작 부분이다.

```
class BankAccount(object):
    interest_rate = 0.3
    def __init__(self, name, number, balance):
         self.name = name
         self.number = number
        self.balance = balance
```

   클래스 변수와 인스턴스 변수를 각각 쓰시오.

프로그래밍 문제

1. 직사각형을 구현하는 클래스를 설계하고 이를 시험해 보라. 높이/너비 변수, 접근자/설정자, 면적/둘레길이를 구하는 메소드를 구현해야 한다.
2. 위의 직사각형 클래스를 상속해 정사각형 클래스를 추가해 시험하라.

제 7 장

모듈과 패키지

Contents

이 장에서는 파이썬의 모듈과 패키지에 대해 배운다. 모듈을 만드는 방법, 모듈을 임포트하는 방법, 여러 모듈의 활용 방법과 패키지의 설치방법에 대해 배운다.

7.1 모듈

모듈 (module) 은 함수, 변수와 클래스 들을 모아 놓은 파일을 말한다. 다른 사람들이 만들어 놓은 모듈을 사용할 수도 있고 우리가 필요한 것을 만들어 사용할 수도 있다.

함수를 사용하면 코드의 재사용이 가능하다. 여러 함수들을 한꺼번에 불러들여 재사용하고 싶을 때 사용하는 것이 모듈이다. 모듈을 작성하는 가장 간단한 방법은 .py 확장자를 가진 파일을 하나 만들고 그 안에 함수들과 변수들을 정의해 두는 것이다.

모듈은 크게 다음과 같이 3종류로 나눌 수 있다.

- 표준 모듈 : 파이썬에서 제공되는 모듈
- 서드 파티 모듈 : 외부 개발자, 회사 등이 독립적으로 만들어 제공하는 모듈
- 사용자 정의 모듈 : 사용자가 직접 만들어 사용하는 모듈

파이썬은 오픈 소스를 지향하므로 많은 사람들이 개발하여 공개한 수 많은 모듈이 존재한다. 유용한 서드 파티 모듈은 `https://wiki.python.org/moin/UsefulModules`를 참고하기 바란다. 오픈 모듈은 무료로 사용할 수 있다. 빅데이터, 인공지능, 사물 인터넷 관련 많은 프로그램들이 파이썬의 오픈 모듈을 사용해 제작되었다.

7.2 모듈 만들기

간단한 모듈을 작성해 보자. 5장에서 작성했던 1부터 n까지의 합을 구하는 `sum(n)`과 x^n을 계산해 반환하는 함수 `power(x, n)`를 모듈로 만들어 보자. 다음과 같이 프로그램을 작성하고 이것을 myModule.py로 저장하자.

```
def sum(n):
    sum = 0
    for i in range(1, n+1):
        sum = sum + i
    return sum

def power(x, n):
```

```
    prod = 1
    for i in range(1, n+1):
        prod = prod * x
    return prod
```

7.3 모듈 임포트 방법

지금까지 모듈을 임포트할 때 'import 모듈명'이라는 규칙을 사용했다. 그런데 여러분이 다른 책이나 입수한 소스코드 중에는 모듈을 임포트해 사용하는 방법이 여러 종류인 것을 알 수 있다. 이번 절에는 앞에서 만들어 놓은 모듈(myModule)을 예로 들어 임포트하는 방법 간의 차이점을 알아보자.

방법 1 : import 모듈명

파이썬 IDLE를 새롭게 실행한 후(또는 셸을 다시 시작한 후) dir 함수를 파이썬 IDLE에서 호출하면 다음과 같다.

```
>>> dir()
['__annotations__', '__builtins__', '__doc__', '__loader__',
 '__name__', '__package__', '__spec__']
```

이번에는 다음과 같이 myModule 모듈을 임포트한 후 다시 dir 함수를 호출해 이전 결과와 비교해 보면 myModule이라는 이름이 dir 함수의 결과 리스트에 추가된 것을 확인할 수 있다. myModule이라는 이름이 추가됐기 때문에 myModule 모듈을 사용하는 myModule.sum(5)과 같이 사용하는 것이 가능하다.

```
>>> import myModule
>>> dir()
['__annotations__', '__builtins__', '__doc__', '__loader__',
 '__name__', '__package__', '__spec__', 'myModule']
>>> myModule.sum(5)
15
```

방법 2 : from 모듈명 import 특정함수

모듈을 임포트하는 두 번째 방법을 살펴보기 위해 새로 파이썬 IDLE를 실행한 후 다음과 같이 실행해 보자.

```
>>> from myModule import power
```

'from myModule import power' 구문의 의미는 myModule 모듈로부터 power 함수를 임포트하라는 뜻이다. 이 방법으로 모듈을 임포트하면 다음의 dir() 의 결과값 리스트에서 보듯이 myModule 모듈에 구현된 power 함수만 존재하는 것을 확인할 수 있다.

```
>>> dir()
['__annotations__', '__builtins__', '__doc__', '__loader__', '__name__',
 '__package__', '__spec__', 'power']
```

따라서 myModule.power(2,5)와 같이 myModule 모듈 내의 power() 함수를 호출할 경우 오류가 발생한다. power(2,5)와 같이 해당 함수를 직접 이용하는 방법만 가능하다.

```
>>> myModule.power(2,5)
Traceback (most recent call last):
  File "<pyshell#42>", line 1, in <module>
    myModule.power(2,5)
NameError: name 'myModule' is not defined
>>> power(2,5)
32
```

모듈 내의 함수를 호출할 때 모듈을 임포트하는 첫 번째 방식에서는 '모듈명.함수명' 형태로 사용했는데, 두 번째 방식은 함수 이름만으로도 바로 함수 호출이 가능하므로 코드의 작성이 작아진다는 장점이 있다. 하지만 두 번째 방식은 기존에 선언된 변수나 함수의 이름과 충돌할 가능성이 있다.

power라는 이름을 여러분이 만든 함수로 이미 사용 중이라면 'from myModule import power'를 하는 순간 해당 이름의 함수가 없어지고 myModule 모듈의 power()로 대체되는데, 이러한 것들이 나중에는 프로그램의 잠재적인 버그가 될 수 있다.

방법 3 : from 모듈명 import *

모듈을 임포트하는 세 번째 방식은 모듈 내의 모든 것을 임포트하는 것이다. 이전과 같이 IDLE을 새로 실행 후 다음과 같이 실행해 보자.

```
>>> from myModule import *
>>> dir()
['__annotations__', '__builtins__', '__doc__', '__loader__',
 '__name__', '__package__', '__spec__', 'power', 'sum']
>>> sum(4)
10
>>> power(2,4)
16
```

'from myModule import *'은 "myModule 모듈 내의 모든 것을 임포트하라"라는 의미이므로, dir 함수의 결과를 보면 myModule 모듈이 지원하는 함수 power와 sum이 리스트에 포함된 것을 알 수 있다. 세 번째 방식으로 myModule 모듈을 임포트했을 때 power()를 사용하려면 두 번째 방식과 동일하게 power()를 바로 사용하면 된다. 그러나 세 번째 방식도 두 번째 방식과 마찬가지로 power()라는 이름의 함수가 이미 존재하고 있는 경우, 이름 충돌과 관련된 문제가 발생할 수 있다.

그렇기 때문에 모듈을 임포트할 때 가장 권장되는 방법은 바로 첫 번째 방식이다. 모듈을 임포트할 때는 'import 모듈명'을 사용하고, 모듈 내의 함수 또는 변수를 사용할 때는 '모듈명.함수명(변수)'의 형태를 사용하는 것이다.

그러나 모듈이름이 너무 길거나, 또는 너무 짧아서 모듈이름을 다르게 사용하고 싶을 때에는 다음과 같은 방법을 사용하면 좋다.

방법 4 : import 모듈명 as 다른모듈명

이 방법은 첫 번째 방법과 같은 방법이지만, 보통 모듈 이름이 너무 길어 원래의 모듈 이름을 다른 이름으로 변경해 사용하는 것이다.

```
import myModule as mm
```

위의 의미는 "myModule 모듈을 mm이라는 이름으로 임포트하라"이다.

dir 함수의 결과를 확인해보면 myModule 대신 mm 항목이 결과값 리스트에 있는 것을 확인할 수 있다. 따라서 myModule 모듈 내에 있던 함수를 사용할 때도 myModule.sum()가 아니라 mm.sum()과 같이 사용해야 한다.

```
>>> import myModule as mm
>>> dir()
```

```
['__annotations__', '__builtins__', '__doc__', '__loader__',
 '__name__', '__package__', '__spec__', 'mm']
>>> mm.sum(5)
15
>>> mm.power(3,2)
9
```

7.4 모듈 탐색 경로

모듈을 포함시키려 하면 현 디렉터리, sys.path 변수에 지정된 디렉터리의 순서로 모듈을 찾게 된다.

import문을 실행할 때 파이썬이 모듈 파일을 찾는 순서는 먼저 파이썬 인터프리터 내장(built-in) 모듈을 찾고, 그 다음 sys.path에 정의되어 있는 디렉토리에서 찾는다.

sys.builtin_module_names를 출력하면 파이썬의 모든 내장 모듈의 목록을 볼 수 있는 데, import문이 실행되면 파이썬은 이 목록을 먼저 확인한다.

```
>>> import sys
>>> sys.builtin_module_names
('_abc', '_ast', '_bisect', '_blake2', '_codecs', '_codecs_cn',
'_codecs_hk','_codecs_iso2022', '_codecs_jp', '_codecs_kr',
'_codecs_tw', '_collections', '_csv', '_datetime', '_functools',
'_heapq', '_imp', '_io', '_json', '_locale', '_lsprof', '_md5',
'_multibytecodec', '_opcode', '_operator', '_pickle', '_random',
'_sha1', '_sha256', '_sha3', '_sha512', '_signal', '_sre',
'_stat', '_string', '_struct', '_symtable', '_thread',
'_tracemalloc', '_warnings', '_weakref', '_winapi', 'array',
'atexit', 'audioop', 'binascii', 'builtins', 'cmath', 'errno',
'faulthandler', 'gc', 'itertools', 'marshal', 'math', 'mmap',
'msvcrt', 'nt', 'parser', 'sys', 'time', 'winreg', 'xxsubtype',
'zipimport', 'zlib')
```

만약 가져오고자 하는 모듈이 위의 내장 모듈 목록에 없으면, 파이썬은 sys.path에 정의되어 있는 디렉토리에서 모듈 파일을 찾는다.

sys.path에 정의되어 있는 디렉토리는 파이썬 모듈이 실행되고 있는 현재 디렉토리, PYTHONPATH 환경변수에 정의되어 있는 디렉토리, 파이썬과 함께 설치된 기본 라이브러리 디렉토리이다.

```
>>> import sys
>>> for path in sys.path:
        print(path)

C:\working
C:\Program Files (x86)\Python37\python37.zip
C:\Program Files (x86)\Python37\DLLs
C:\Program Files (x86)\Python37\lib
C:\Program Files (x86)\Python37
C:\Program Files (x86)\Python37\lib\site-packages
```

제일 높은(최상위) 수준으로 실행되는 파이썬 프로그램을 메인 모듈이라 하는 데, 어떻게 실행하느냐에 따라 메인 모듈이 결정된다.

파이썬에는 내장 전역 변수인 `__name__`이 있는데, 이 변수는 모듈이 최상위 수준으로 실행될 때 '`__main__`'으로 지정된다. 다음과 같이 한 문장을 실행해도 이 모듈이 최상위 수준인 '`__main__`'인 것을 알 수 있다.

```
>>> print('{0}'.format(__name__))
__main__
```

다음 파일은 myModule.py인데 이 파일을 독립적으로 실행하면, 모듈의 이름이 `__main__`이 되어

```
# myModule.py
def sum(n):
    sum = 0
    for i in range(1, n+1):
        sum = sum + i
    return sum

def power(x, n):
    prod = 1
    for i in range(1, n+1):
        prod = prod * x
    return prod

if __name__ == '__main__':
    print('{0}'.format(__name__))
    print(sum(5))
    print(power(5,2))
```

아래 부분의 if 문이 실행되므로 다음 결과를 얻는다.

```
__main__
15
25
```

다음은 위의 myModule.py를 포함시켜 사용할 testmyModule.py이다. 이 두 파일을 같은 폴더에 놓고 아래 파일을 실행하면

```
# testmyModule.py
import myModule as my

print('{0}'.format(__name__))
print(my.sum(5))
print(my.power(5,2))
```

이번에는 testmyModule.py이 `__main__`이 되므로 myModule.py의 print 문이 실행되지 않아 실행 결과가 다음과 같다.

```
__main__
55
125
```

7.5 유용한 모듈들

다음은 알아두면 편리한 몇 가지 유용한 모듈들에 대해 알아보자.

math 모듈

수학 관련 함수를 사용할 수 있는 모듈이다. math 모듈에 있는 함수의 이름을 알고 싶으면 다음과 같이 사용한다.

```
>>> import math
>>> dir(math)
['__doc__', '__loader__', '__name__', '__package__', '__spec__',
'acos', 'acosh', 'asin', 'asinh', 'atan', 'atan2', 'atanh', 'ceil',
'copysign', 'cos', 'cosh', 'degrees', 'e', 'erf', 'erfc', 'exp',
'expm1', 'fabs', 'factorial', 'floor', 'fmod', 'frexp', 'fsum',
'gamma', 'gcd', 'hypot', 'inf', 'isclose', 'isfinite', 'isinf',
'isnan', 'ldexp', 'lgamma', 'log', 'log10', 'log1p', 'log2',
```

```
'modf', 'nan', 'pi', 'pow', 'radians', 'remainder', 'sin',
'sinh', 'sqrt', 'tan', 'tanh', 'tau', 'trunc']
```

원주율 π(파이) 값, 자연로그 밑 상수 e값 등이 정의되어 있고, ceil(), floor(), trunc(), fabs(), sin(), cos(), tan() 등의 여러 수학 함수가 정의되어 있다. 또한 삼각함수에서 사용하는 각도는 호도(radian)이기 때문에 우리가 일상 생활에서 사용하는 각도를 math.radians() 함수를 이용해 호도로 바꾸어 사용해야 한다.

```
>>> math.pi                        # 원주율
3.141592653589793
>>> math.e                         # 자연로그 밑 e
2.718281828459045
>>> math.radians(180)
3.141592653589793
>>> math.degrees(math.pi/2)
90.0
>>> math.sqrt(4)               # 제곱근 계산
2.0
```

keyword 모듈

파이썬의 키워드에 대한 정보를 얻을 수 있는 모듈이다. 다음과 같이 사용하면 파이썬의 모든 예약된 키워드를 알 수 있다.

```
>>> import keyword
>>> print(keyword.kwlist)
['False', 'None', 'True', 'and', 'as', 'assert', 'break', 'class',
'continue', 'def', 'del', 'elif', 'else', 'except', 'finally', 'for',
'from', 'global', 'if', 'import', 'in', 'is', 'lambda', 'nonlocal',
'not', 'or', 'pass', 'raise', 'return', 'try', 'while', 'with',
'yield']
```

sys 모듈

파이썬 인터프리터에 대한 정보를 제공하는 모듈이다.

```
>>> import sys
>>> sys.prefix
'C:\\Program Files (x86)\\Python37'
```

```
>>> sys.version
'3.7.0 (v3.7.0:1bf9cc5093, Jun 27 2018, 04:06:47)[MSC v.1914 32 bit]'
>>> sys.byteorder
'little'
>>> sys.modules # 설치된 모든 모듈을 보임 - 매우 길다.
```

sys 모듈의 argv를 이용해 프로그램을 작성하면, 그 프로그램을 실행할 때 명령어 라인에서 매개변수를 전달받아 그에 따라 실행할 수 있는 방법이다.

먼저 프로그램 7.1과 같이 작성해 이 파일을 echo.py라 저장한 후,

프로그램 7.1: 명령어 라인에서 매개변수 전달 프로그램

```
import sys

for i in range(1,len(sys.argv)):
    print(sys.argv[i])
```

이 프로그램을 도스 명령어창에서 다음과 같이 2번 실행해 결과를 꼭 확인해 보자. 아래와 같이 실행할 경우 echo.py가 `sys.argv[0]`이고, 그 다음부터 차례대로 `sys.argv[1]`, `sys.argv[2]` 등에 해당한다.

```
$ python echo.py hello everybody!
$ python echo.py 1st 2nd 3rd
```

random 모듈

random 모듈은 임의의 난수가 필요하거나, 리스트의 요소를 임의로 섞거나 선택할 때 사용하는 함수가 들어있다. 이 모듈에 있는 대표적인 함수 몇 개를 살펴 보자.

randint(start, end)는 정수 start부터 end까지 범위의 난수가 필요할 때 사용한다. 비슷하지만 randrange(start, end)는 정수 start부터 end-1까지 범위의 난수가 필요할 때 사용한다. random()은 0부터 1사이의 실수의 난수를 반환한다.

```
>>> import random as rd
>>> rd.randint(1,5)
3
>>> rd.randrange(1,10)
8
```

```
>>> rd.random()
0.7237440037454024
```

choice(seq)는 주어진 리스트 seq의 요소 중 하나를 임의로 선택한다. sample(nlist, k)은 주어진 리스트 nlist에서 k개 길이의 리스트를 반환한다. shuffle()은 리스트의 항목을 임의로 뒤섞는다.

```
>>> nlist = [0,1,2,3,4]
>>> rd.choice(nlist)
3
>>> rd.sample(nlist, 2)
[0, 3]
>>> rd.shuffle(nlist)
>>> nlist
[3, 2, 0, 4, 1]
>>>
```

time 모듈과 datetime 모듈

time 모듈은 시간 관련된 정보를 제공하는 모듈이다. time()은 1970년 1월1일 0시부터 지금까지 흐른 시간을 초로 표시하는 함수이다. 유닉스 운영체제에서 표준으로 사용되는 이 시간체계를 에포크(epoch)시간이라고도 한다. asctime()은 현재의 날짜, 시간을 문자열로 표시하는 함수이다.

```
>>> import time
>>> time.time()
1613219051.9306018
>>> time.asctime()
'Sat Feb 13 21:24:18 2021'
```

time() 함수는 다음과 같이 프로그램이 수행될 때 걸리는 시간을 측정할 때 사용하면 좋다.

```
import time

n = int(input('Type int number : '))
start = time.time()

#1 차례대로 더하는 방법
```

```
sum = 0
for i in range(1, n+1):
    sum += i
end = time.time()
print("Result = ", sum)
print("elapsed time = ", end-start)
```

위 프로그램의 한 실행 예가 다음에 표시되어 있다.

```
Type int number : 1000000
Result =  500000500000
elapsed time =  0.9704468250274658
```

datetime 모듈도 time 모듈과 유사하게 시간 관련된 정보를 제공하는 모듈이다. 간단한 사용 예를 표시하였다.

```
>>> import datetime as dt
>>> dt.date.today()
datetime.date(2021, 2, 13)
>>> today = dt.date.today()
>>> today
datetime.date(2021, 2, 13)
>>> print(today)
2021-02-13
>>> today.year
2021
>>> today.month
2
>>> today.day
13
```

calendar 모듈

calendar 모듈을 이용해 달력 등의 정보를 알 수 있는 모듈이다. 사용 예를 표시하였다.

```
>>> import calendar
>>> calendar.prcal(2021)
                                  2021

      January                   February                   March
Mo Tu We Th Fr Sa Su      Mo Tu We Th Fr Sa Su      Mo Tu We Th Fr Sa Su
             1  2  3       1  2  3  4  5  6  7       1  2  3  4  5  6  7
```

```
 4  5  6  7  8  9 10       8  9 10 11 12 13 14       8  9 10 11 12 13 14
11 12 13 14 15 16 17      15 16 17 18 19 20 21      15 16 17 18 19 20 21
18 19 20 21 22 23 24      22 23 24 25 26 27 28      22 23 24 25 26 27 28
25 26 27 28 29 30 31                                29 30 31

       April                      May                       June
Mo Tu We Th Fr Sa Su      Mo Tu We Th Fr Sa Su      Mo Tu We Th Fr Sa Su
          1  2  3  4                      1  2          1  2  3  4  5  6
 5  6  7  8  9 10 11       3  4  5  6  7  8  9       7  8  9 10 11 12 13
12 13 14 15 16 17 18      10 11 12 13 14 15 16      14 15 16 17 18 19 20
19 20 21 22 23 24 25      17 18 19 20 21 22 23      21 22 23 24 25 26 27
26 27 28 29 30            24 25 26 27 28 29 30      28 29 30
                          31

        July                     August                  September
Mo Tu We Th Fr Sa Su      Mo Tu We Th Fr Sa Su      Mo Tu We Th Fr Sa Su
          1  2  3  4                         1             1  2  3  4  5
 5  6  7  8  9 10 11       2  3  4  5  6  7  8       6  7  8  9 10 11 12
12 13 14 15 16 17 18       9 10 11 12 13 14 15      13 14 15 16 17 18 19
19 20 21 22 23 24 25      16 17 18 19 20 21 22      20 21 22 23 24 25 26
26 27 28 29 30 31         23 24 25 26 27 28 29      27 28 29 30
                          30 31

      October                   November                  December
Mo Tu We Th Fr Sa Su      Mo Tu We Th Fr Sa Su      Mo Tu We Th Fr Sa Su
             1  2  3       1  2  3  4  5  6  7             1  2  3  4  5
 4  5  6  7  8  9 10       8  9 10 11 12 13 14       6  7  8  9 10 11 12
11 12 13 14 15 16 17      15 16 17 18 19 20 21      13 14 15 16 17 18 19
18 19 20 21 22 23 24      22 23 24 25 26 27 28      20 21 22 23 24 25 26
25 26 27 28 29 30 31      29 30                     27 28 29 30 31
```

```
>>> calendar.prmonth(2021,2)
   February 2021
Mo Tu We Th Fr Sa Su
 1  2  3  4  5  6  7
 8  9 10 11 12 13 14
15 16 17 18 19 20 21
22 23 24 25 26 27 28
```

os 모듈

운영체제의 기본기능을 다루는 모듈이다. 다음과 같은 함수들이 있다

```
>>> import os
>>> os.system('calc')          # 계산기 프로그램이 구동됨
>>> os.getcwd()                  # 현 작업 디렉터리를 알 수 있다
'C:\\Python35-64'
>>> os.chdir("C:/")           # 현 작업 디렉터리를 바꾼다
>>> os.getcwd()
'C:\\'
>>> os.listdir("C:/")           # 모든 파일이름을 알려준다
>>> os.mkdir("ttt")           # 서브 디렉터리를 만든다
```

만약 주어진 파일의 존재여부를 검사하고 싶으면 다음과 같이 한다.

```
import os.path
if os.path.isfile("Lectures.txt"): # os.path.exists("Lectures.txt")도 같은 역할
    print("file exists.")
```

이 함수들을 한번씩 사용해 사용법을 익히자.

7.6 패키지

모듈이 하나의 파이썬 파일 안에 함수가 여러 개 들어 있는 것이라면, 패키지(package)는 여러 모듈을 모아 놓은 폴더와 그 폴더 안에 들어 있는 파이썬 파일의 형태로 되어 있다.

site-packages

site-packages는 파이썬의 기본 라이브러리 패키지 외에 추가 패키지가 설치되는 곳이다. 각종 서드 파티 모듈들이 이 곳에 설치된다. site-package는 파이썬이 기본적으로 모듈을 탐색하는 경로에 포함되어 있다.

다음과 같이 실행해 보면 sys.path에 site-packages가 포함된 것을 알 수 있다.

```
>>> import sys
>>> sys.path
['C:\\Program Files (x86)\\Python37\\python37.zip',
'C:\\Program Files  (x86)\\Python37\\DLLs',
'C:\\Program Files (x86)\\Python37\\lib',
'C:\\Program Files (x86)\\Python37',
'C:\\Program Files (x86)\\Python37\\lib\\site-packages']
```

패키지 만들기

패키지는 단순히 모듈의 모음이다. 패키지를 자신이 편하게 사용하기 위해 만들 수도 있고 배포하기 위해서 만들 수도 있는데 만약 배포를 목적으로 한다면 모듈들을 디렉터리별로 나누고 버전 관리를 하고 다른 패키지의 의존성, 도움말 등을 정의해야 한다. 더 자세한 사항은 `https://wikidocs.net/21045`를 참조하기 바란다.

외부 패키지 설치

파이썬에는 이미 잘 만들어 진 패키지가 많이 있다. 이런 패키지를 쉽게 설치해 사용할 수 있는 데, 외부 패키지를 설치하기 위해서는 운영체제 셸에서 설치해야 한다. 데이터를 분석할 때 많이 사용하는 numpy 패키지를 설치해 보자.

```
C:/> pip install numpy
```

설치가 끝나면 다음과 같이 실행해 결과가 같은 지 확인하자.

```
>>> import numpy
>>> numpy.mean([2, 5]) # 리스트 요소의 평균값 계산
3.5
```

연습문제

1. math 모듈의 factorial(), degrees(), radians() 함수의 사용법에 대해 조사하라.
2. `'c:\>pip freeze'` 명령을 이용하면 컴퓨터에 설치된 서드 파티 모듈을 알 수 있다. 자신의 컴퓨터에 설치된 서드 파티 모듈을 확인하라.

프로그래밍 문제

1. math 모듈의 함수를 이용해 임의의 각도를 라디안으로, 임의의 라디안을 각도로 변환하는 프로그램을 작성하라.
2. math 모듈의 함수를 이용하여 $\sin(30^o) + \cos(30^o)$ 의 값을 계산하라
3. 명령어 라인에서 다음과 같이 실행할 때 주어진 숫자의 합을 출력하는 addNumber.py 프로그램을 작성하라. (답이 각각 6, 21 이어야 함)

```
$ python addNumber.py 1 2 3
$ python addNumber.py 1 2 3 4 5 6
```

제 8 장

예외 처리와 파일 입출력

Contents

본 장에서는 프로그램에서 예외가 발생할 때 대처하는 예외 처리 프로그래밍 방법에 대해 학습한다. 또한 파일 입출력의 기본개념에 대해 이해하고, 주어진 양식에 따라 파일 입출력을 처리하는 방법을 배운다.

8.1 예외 처리

프로그램이 수행될 때 예상하지 못한 상황이 발생하는 것을 예외(exception)라고 한다. 프로그램의 예외는 크게 예측이 가능한 예외와 예측이 불가능한 예외로 나눌 수 있다.

예측 가능한 예외는 발생 여부를 개발자가 사전에 알 수 있는 예외이다. 개발자는 예외를 예측하여 명시적으로 예외가 발생할 때는 어떻게 대응하라고 할 수 있다. 예를 들어 사용자 입력란에 값이 잘못 입력되면, 사용자에게 잘못 입력하였다고 알려주는 방법으로 쉽게 대응할 수 있다.

예측 불가능한 예외는 리스트의 인덱스 범위를 넘어서는 연산이나, 예상하지 못하게 0으로 나누는 연산 등을 할 경우 오류가 발생하는 경우이다. 이런 예측 불가능한 예외가 발생했을 경우, 인터프리터가 자동으로 이런 예외가 발생해 프로그램이 종료한다고 사용자에게 알려주도록 프로그램이 작성되면 좋다.

이와 같은 이유로 예외 처리 프로그래밍은 프로그램의 완성도를 높이는 데 매우 중요하다.

오류의 종류

오류를 처리하는 방법을 다루기 전에 오류가 어떤 상황에서 발생하는지 알아보자. 실제 프로그램의 실행 도중에 나타나는 오류는 다음과 같은 경우에 많이 발생한다.

- ZeroDivisionError는 0으로 나눌 때
- IndexError는 리스트의 범위를 벗어난 동작을 할 때
- FileNotFoundError는 없는 파일을 열려고 할 때
- ValueError는 원하는 값을 입력받지 못할 때
- NameError는 정의되지 않은 변수를 사용할 때
- TypeError는 데이터 형이 맞지 않는 연산을 할 때(예: 문자열에 정수 더하기 등)

다음은 셸에서 위의 각 오류를 발생시키는 예이다. 직접 실행해 발생하는 오류를 하나씩 체험해 보자.

```
>>> 5/0
ZeroDivisionError: division by zero

>>> a=[0,1,2]
>>> a[3]
IndexError: list index out of range

>>> fp=open("Nofile.txt","r")
FileNotFoundError: [Errno 2] No such file or directory: 'Nofile.txt'

>>> int(input('Type float number or string : '))
Type float number or string : 1.23
ValueError: invalid literal for int() with base 10: '1.23'

>>> 1 + var*2
NameError: name 'var' is not defined

>>> "str"+1
TypeError: can only concatenate str (not "int") to str
```

예외 처리 프로그래밍 방법

파이썬 예외 처리의 기본 문법은 다음과 같은 try–except문이다.

```
try :
    [실행 코드] # 예외가 발생할 수도 있는 문장
except  :            # 예외가 발생하면
    [예외 처리 코드] # 예외를 처리
```

실행 코드에서 오류가 발생하지 않으면 예외 처리 코드 부분은 실행되지 않고, 오류가 발생하면 예외 처리 코드 부분을 실행한다. 예외 처리라 하지만 대부분의 경우 오류를 수정하기 보다는 오류가 발생했다고 알려주는 정도이다. 예외의 구체적 내용을 알고 있으면 위의 except 다음에 다음과 같이 예외의 이름을 명시해 작성할 수 있다.

```
try :
    [실행 코드] # 예외가 발생할 수도 있는 문장
except [예외1] : # 예외1이 발생하면
    [예외1 처리 코드] # 예외1를 처리
```

또한 예외가 여러 종류 있으면 앞의 elif문 처럼 except를 여러 번 사용할 수도 있다. 그리고 else와 finally도 사용할 수 있는 데 이상의 모든 내용을 하나로 알기 쉽게 다음에 요약하였다.

try-except 문의 기본 구조

```
try :
    [무조건 실행 코드] # 예외가 발생할 수도 있는 문장
except [예외1] : # 예외1 발생하면
    [예외1 처리 코드] # 예외1 발생시 처리
except [예외2] (as 오류메시지) : # 예외2가 발생하면 오류메시지로 기록하고
    [예외2 처리 코드2] # 예외2의 오류메시지 알림
except : # 위에 명시되지 않은 오류이면
    [그 이외의 모든 예외 처리 코드] # 그 이외의 오류 처리
else : #오류가 없으면 다음줄로 가
    [정상 실행 코드] # 이 부분 실행
finally :
    [모든 처리 코드] # 예외가 있을 때, 없을 때 모두 실행되는 부분
```

try-except-else문은 해당 예외가 발생하지 않을 경우 실행할 코드를 else문에 작성하면 된다. 그리고 try-except-finally문에서 finally문은 오류가 있든 없든 실행하는 코드 부분이다.

프로그램 8.1은 위에서 설명한 모든 내용을 직접 시험해 볼 수 있도록 작성되었다. 프로그램을 실행해 1부터 5를 선택하면 해당되는 오류를 발생시키고, 0을 선택하면 정상 실행으로 끝나도록 작성되었다. 이 프로그램을 6번 실행해 0–5까지 차례 차례 선택하면서 소스와 결과를 비교 확인하는 방법으로 예외 처리 프로그래밍 방법을 이해하자.

프로그램 8.1: Try-except 문 예제

```python
def menu():
    print("0. normal")
    print("1. 0으로 나누기")
    print("2. 리스트 인덱스")
    print("3. 없는 파일 열기")
    print("4. 원하는 값 안주기")
    print("5. TypeError")
try:
    menu()
    n = int(input("Select your choice: "))
    if n == 0:
        pass
```

```
    elif n == 1:
        a = 5 / 0
    elif n == 2:
        b = [0,1,2]
        b[3]
    elif n == 3:
        open("File.txt","r")
    elif n == 4:
        int(input("Type abc:"))
    elif n == 5:
        "str"+1
except ZeroDivisionError:
    print('0으로 나누기 에러 발생')
except IndexError as e2:
    print(e2)
except FileNotFoundError as e3:
    print(e3)
except (ValueError, TypeError) as e4:
    print(e4)
except:
    print("어떤 에러 발생")
else:
    print("에러 없음")
finally:
    print("예외처리 끝")
```

raise 문

raise문은 필요할 때 예외를 발생시키는 코드이다. 다음은 원의 넓이를 계산하는 간단한 프로그램인데,

```
def area(radius):
    if radius < 0:
        raise RuntimeError("negative radius")
    else:
        return 3.14*radius*radius

print(area(-2))
```

만약 반지름을 위와 같이 음수로 주어 계산하려 하면 다음과 같은 결과를 얻게 된다.

```
 File "raise.py", line 3, in area
    raise RuntimeError("negative radius")
RuntimeError: negative radius
```

assert 문

assert문은 예외 정보가 조건에 만족하지 않을 경우, 예외를 발생시키는 구문이다. assert 문과 같이 True 또는 False의 반환이 가능한 함수를 사용하면 되는 데, 이 함수가 False를 반환하면 예외가 발생된다. 다음 예를 보자.

```
def isEven(n):
    if n % 2 == 0:
        print(n, "is even")
        return True
    else:
        return False

assert isEven(8)
assert isEven(7)
```

홀짝을 판단하는 간단한 함수를 만들고 숫자 8과 7을 넘겨 예외 발생을 확인하니 다음과 같이 8을 넘길 때는 even이라 출력하고, 7일때는 함수 isEven()에서 False가 반환되어 예외가 다음과 같이 발생함을 알 수 있다.

```
8 is even
Traceback (most recent call last):
  File "assert.py", line 8, in <module>
    assert isEven(7)
AssertionError
```

8.2 파일 입출력의 기본

지금까지는 프로그램을 실행할 때 표준입력(키보드)에서 입력을 받고 프로그램 실행의 결과는 표준출력(모니터화면)으로 내 보냈다. 하지만 입력해야 할 내용이 너무 많거나, 입력해야 할 내용이 몇 줄 안된다 하더라도 프로그램을 실행할 때마다 매번 입력해야 한다면 귀찮은 일이다.

또한 프로그램의 실행의 결과가 너무 길게 출력되어 모니터의 한 화면을 넘어가게 되거나, 나중에라도 실행 결과를 확인해 보고 싶을 때에는 내용을 파일에 먼저 저장하고 싶을 것이다.

즉 지금까지 사용해왔던 표준입력(키보드) 파일로부터 입력을 받거나, 표준출력(모니터화면) 대신 처리 결과를 파일에 기록하는 것을 파일 입출력이라 한다. 이상 설명한 데이터 처리 과정을 그림 8.1에 표시하였다.

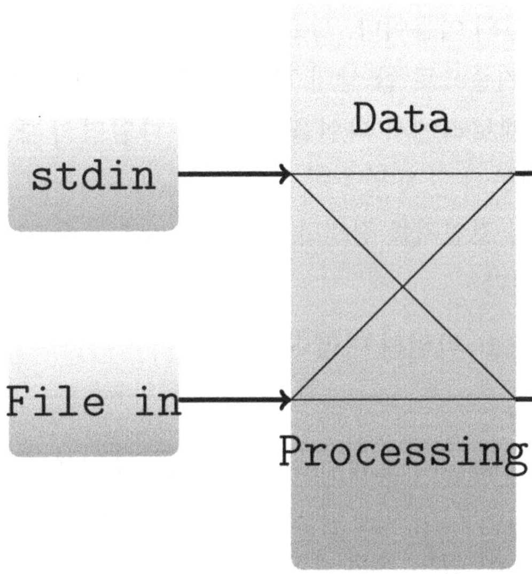

그림 8.1: 데이터의 입출력 처리 과정

보통 파일 처리라 하면 새로운 파일을 만들어 그곳에 필요한 내용을 기록하거나, 이미 존재하는 파일의 내용을 읽거나, 거기에 덧붙여 쓰는 것을 말한다. 파이썬에서는 내장 함수를 이용해 파일입출력 기능을 수행한다.

파일은 텍스트 파일(text file)과 이진 파일(binary file)의 두 종류가 있는 데, 파일 입출력 처리는 다음과 같은 3 단계 절차를 거친다.

1. open() 함수로 파일이름과 처리목적(읽기 또는 쓰기)를 지정해 사용하려는 파일을 연다.
2. 입출력에 필요한 읽기/쓰기 함수를 사용해 원하는 처리를 한 후에
3. 파일의 사용이 모두 끝나면, close() 함수를 호출해 사용하던 파일을 닫는다.

파일의 열기

파일을 열때 사용하는 open() 함수는 다음과 같이 사용한다.

```
vfname = open("filename", "mode")
```

vfname은 프로그램 안에서 파일을 가리키는 파일 변수의 이름이다. 이 이름을 이용해 특정 파일로부터 읽거나 쓸 수 있다.

filename은 읽거나 쓸 대상 파일의 이름이다. 필요할 경우 드라이브와 디렉토리 경로를 포함할 수 있으며, 현재 위치를 기준으로 한 상대 경로를 지정할 수도 있다. 경로없이 파일 이름만 주어질 경우 현재 디렉토리에서 파일을 찾는다. 파일명의 대소문자 구분 여부는 운영체제에 따라 다르기 때문에 그에 맞추어 사용한다.

mode는 어떤 목적으로 파일을 열 것인지를 정의하는 "모드(mode)"를 지정해야 한다. 표8.1에 여러 가지 모드를 표시하였다.

표 8.1: 파일의 여러 모드

파일 모드	모드 이름	설명
r	파일 읽기	해당 파일이 존재해야 한다. 만약 파일이 없을 경우 에러
w	파일 쓰기	파일이 이미 있으면 삭제되고, 없으면 새 파일을 만든다.
a	추가모드	내용이 있는 경우 파일의 맨 끝에 덧붙여 쓴다. 없으면 새 파일 생
r+	읽기쓰기 모드	파일이 없으면 에러 발생

쓰기 모드("w")를 사용할 때, 이미 존재하는 파일을 열려고 하면 그 파일이 없어져 버리므로 주의해야 한다. 그리고 추가 모드("a")는 파일의 끝에 데이터를 추가하기 위해 사용하며, 갱신 모드("+")는 파일을 열어서 읽기와 쓰기를 한 파일에 한꺼번에 할 필요가 있을 때 사용한다.

예를 들어 test.txt란 파일의 내용을 읽기 위해서는 다음과 같이 한다.

```
file= open("test.txt", "r")
```

열기 형식에는 일반적으로 텍스트 파일("t")이나 이진 파일("b")이 들어가야 하는데 생략하면 텍스트 파일 형식이 된다. test.txt란 파일을 지우고 새로 쓰고 싶을 때에는 다음과 같이 하면 된다.

```
file = open("test.txt", "w")
```

반면에 test.txt란 파일을 지우지 않고 파일의 끝에 덧붙이고 싶을 때에는 다음과 같이 한다.

```
file = open("test.txt", "a")
```

파일 닫기

파일 닫기는 `close()` 함수를 이용한다. 사용하던 파일의 이름이 `file`이라 할때 다음과 같이 사용한다.

```
file.close()
```

8.3 파일 쓰기와 읽기

파일에 쓰기

파일에 쓰기 함수에는 write()와 writelines() 함수가 있다.

먼저 데이터 쓰기에는 write() 함수를 사용하는 데 먼저 다음과 같은 내용을 파이썬 파일로 저장한 후 실행한 다음 내용이 제대로 기록되었는 지 확인하자.

프로그램 8.2: 파일에 쓰기

```
fileout = open("./phones1.txt", "w", encoding="utf-8")
fileout.write("성춘향 010-2345-6789\n")
fileout.write("이몽룡 010-1010-3585\n")
fileout.close()
```

그 다음은 이미 만들어진 이 파일에 파일 추가모드인 `"a"`를 사용해 다음과 같이 한줄을 더 추가해 보자.

프로그램 8.3: 파일에 추가해 쓰기

```
fileout = open("./phones1.txt", "a", encoding="utf-8")
fileout.write("변학도 010-9876-5432\n")
fileout.close()
```

이 단계에서도 제대로 추가되었는 지 파일의 내용을 확인해 보자. 이 파일을 다음 단계에서 파일 읽기에 사용한다.

write() 함수는 인수로 문자열만 사용할 수 있지만, writelines() 함수는 문자열이나 리스트를 인수로 사용할 수 있다.

파일에서 읽기

파일에서 데이터를 읽을 때 read(), readline(), readlines() 함수가 사용된다.

read() 함수는 다음 예처럼 읽을 때 매개변수가 없으면 파일의 전체 내용을 읽는다.

프로그램 8.4: 파일에서 read()로 읽기

```
filein = open("./phones1.txt", "r")
readall = filein.read()
print(readall)
filein.close()
```

만약 n개의 글자를 읽어 들이고 싶으면 read(n)처럼 매개변수를 준다. 다음 프로그램은 read(7)과 같이 7개의 문자를 읽는 예이다.

프로그램 8.5: 파일에서 read(n)으로 읽기

```
filein = open("./phones1.txt", "r")
readall = filein.read(7)
print(readall)
filein.close()
```

파일의 전체 라인을 읽고 싶을 경우에는 readlines() 함수를 사용한다. 이 함수는 파일의 각 줄을 읽어 리스트에 저장하는 데, 파일의 한 줄이 리스트 안의 한 항목이 된다. 각 항목의 끝에는 줄바꿈기호인 \n이 있다.

프로그램 8.6: 파일에서 readlines()로 읽기

```
filein = open("./phones1.txt", "r")
readall = filein.readlines()
print(readall)
filein.close()
```

앞의 프로그램 8.4와 출력 내용이 어떻게 다른 지 직접 실행해 확인하자.

파일에서 한 줄씩 읽을 필요가 있을 때는 readline() 함수(s가 없음에 주의)를 이용한다. 파일에 몇 줄의 데이터가 있는 지 알 수 없기 때문에 반복문을 이용해 한 줄씩 읽는데, rstrip() 함수를 이용해 줄의 끝에 있는 줄바꿈기호(\n)를 없앨 수도 있다.

프로그램 8.7: 파일에서 readline()으로 한줄씩 읽기

```
filein = open("./phones1.txt", "r")
readLine = filein.readline().rstrip()
while readLine != "" :
    print(readLine)
    readLine = filein.readline().rstrip()
filein.close()
```

위 프로그램을 직접 실행해 확인하자. rstrip() 함수를 사용 안하면 어떻게 되는가?

with – as 사용

open() 함수를 with ~ as문과 같이 사용하면 명시적으로 close() 함수를 호출하지 않아도 파일이 항상 닫힌다. with ~ as문을 사용하는 방법은 다음과 같다.

```
with open(파일이름) as 파일객체:
    파일 읽기 또는 쓰기 함수 사용
    필요한 다른 동작
    # 파일 닫기 불필요
```

사용 예제는 다음과 같다.

```
with open('testFile.txt', 'r') as file:
    str = file.read()
    print(str)
    file.close() # with ~ as를 사용하면 이 문장 없어도 됨
```

8.4 이진파일의 처리

지금까지 사용한 파일은 텍스트 파일이고, 이 파일의 내용은 문서편집기(notepad) 등과 같은 텍스트 에디터 또는 print() 함수로 내용을 확인할 수 있다.

컴퓨터가 다루는 파일 중에는 이미지, 음악 파일 등은 텍스트 파일이 아니고 이진파일(binary file)이다. 이진파일은 위의 방법으로 확인할 수는 없고, 해당 파일을 확인하는 별도의 프로그램(이미지 편집기, 음악 플레이어 프로그램)이 필요하다. 이러한 이진파일을 사용하려면 파일 모드의 뒤에 "b"를 추가하면 된다.

다음은 이진파일의 복사 예제이다.

프로그램 8.8: 이미지 파일의 복사

```
inFp, outFp = None, None
inStr = ""

inFp = open("./test.jpg", "rb")
outFp = open("./testCopied.jpg", "wb")

while True :
    inStr = inFp.read(1)
    if not inStr :
        break
    outFp.write(inStr)

inFp.close()
outFp.close()
print("image file copied.")
```

8.5 파일의 임의접근

지금까지 파일 처리에 사용한 방법은 파일의 처음부터 차례대로 데이터를 꺼내 사용하는 순차접근(sequential access)이다. 간혹 파일의 특정 위치로 가서 데이터를 읽거나 써야 할 필요가 있을 때 사용하는 방법이 파일의 임의접근(random file access)이다.

파일의 맨 처음부터의 위치를 바이트 수(이진모드)나 글자수(텍스트 모드)로 알 수 있는 함수가 tell() 함수이다.

파일 내에서의 위치를 바꾸고 싶으면 seek(offset, from) 함수를 사용한다. 위치는 기준점 from에 offset을 더하면 된다. from 값이 0이면 파일의 처음부터, 1이면 파일의 현재위치부터, 2이면 파일의 맨 끝부터이다. from 값이 생략되면 기본값이 0이어서 파일의 맨 처음부터로 간주한다. 단 텍스트 파일에서는 파일 맨 처음부터 찾는 것만 허용된다.

이상의 내용을 시험하기 위해 파이썬 셸에서 다음의 내용을 차례 차례 입력해 시험해 보자. 이 예는 파이썬 튜토리얼 페이지에서 가져온 것이다. (`https://docs.python.org/3/tutorial/inputoutput.html#reading-and-writing-files`)

```
>>> f = open('workfile', 'w')
>>> f = open('workfile', 'rb+')
>>> f.write(b'0123456789abcdef')
16
>>> f.seek(5)      # Go to the 6th byte in the file
5
>>> f.read(1)
b'5'
>>> f.seek(-3, 2)  # Go to the 3rd byte before the end
13
>>> f.read(1)
b'd'
```

8.6 객체 입출력 – 피클링

앞에서 파일에 문자열이나 숫자를 기록하는 방법을 배웠다.

리스트나 딕셔너리와 같은 객체도 파일에 기록하는 방법이 있는 데 pickle 모듈의 dump()와 load() 메소드를 사용하면 된다.

pickle 모듈은 객체를 파일에 저장하거나 네트워크에 전송할 수 있도록 바이트 스트림으로 변환하는 작업(직렬화 또는 pickling)을 해주는 dump() 함수와 바이트 스트림을 객체로 변환하는 작업(역직렬화 또는 unpickling)을 해주는 load() 함수를 제공한다.

pickling을 사용하여 바이너리 IO를 수행하기 위해서는 rb 또는 wb 모드를 사용하여 이진 데이터 파일을 열고, 데이터를 쓰고 읽기 위해 pickle의 dump와 load 함수를 호출한다.

다음은 피클링의 예제이다. 어떤 일을 하는 지 분석하고 실행해 본 후 원하는 대로 바꾸어 실행해 보자.

프로그램 8.9: 피클링 예제

```
import pickle

Pres = { "Kennedy": 35, "Obama": 44}
```

```
# 딕셔너리를 피클 파일에 저장
pickle.dump(Pres, open("pres.pic", "wb"))

# 피클 파일에 딕셔너리를 로딩
Pres2 = pickle.load(open("pres.pic", "rb"))
Pres2['Trump'] = 45

pickle.dump(Pres2, open("pres2.pic", "wb"))
print(Pres)
print(Pres2)
```

연습문제

1. 파일의 위치 표시자를 움직이는 함수는?
2. 파일의 특정 위치로 가서 데이터를 읽거나 써야 할 필요가 있을 때 사용하는 방법은 무엇인가?

프로그래밍 문제

1. 임의의 파일에 글자를 기록하여 저장하는 프로그램을 작성하라.
2. 임의의 주어진 텍스트 파일의 내용을 화면에 출력하는 프로그램을 작성하라.
3. 어떤 사업체의 하루별 매출액이 하나의 정수로 기록된 sales.txt 파일이 있다. 이 파일의 라인 수는 미리 정해져 있지 않으나, 30 라인이면 30일의 매출이 기록되었다는 뜻이다. 이 파일을 읽어 총 매출액의 합과 하루 평균 매출액을 구해 출력하는 프로그램을 작성하시오. (sales.txt 파일은 임의로 작성해 테스트 가능함.)

제 9 장

터틀 그래픽스와 tkinter

Contents

이 장에서는 터틀 그래픽스를 이용해 화면에 그림을 그리는 방법을 배운다. 지금까지는 화면에 글자가 출력되는 프로그램만을 작성하였지만, 그림을 그리는 프로그램을 처음 배운다. 그 다음에는 tkinter를 이용해 사용자 인터페이스를 만들고, 프로그램에서 사용되는 다양한 위젯과 메뉴를 만드는 방법을 배우면서, 윈도우 프로그래밍의 기본 개념을 익힌다.

9.1 터틀 그래픽스

터틀 그래픽스(turtle graphics)는 초보자에게 프로그래밍을 소개하는 방법으로 1966년에 Wally Feurzig와 Seymour Papert가 Logo 프로그래밍 언어에 포함해 소개하였다.

터틀 그래픽스는 2차원 직교좌표공간(카테시안 공간)에서 거북이 모양의 커서(터틀)를 이용해 그림을 그리는 기능을 갖고 있는 데, 동작원리는 기본적으로 펜 플로터의 동작원리와 매우 유사하다.

터틀 그래픽스의 동작 원리

다음에 터틀 그래픽스가 동작하는 기본 내용을 간단히 설명하였다.

1. 터틀 그래픽스를 시작하면 화면의 정 중앙에 커서가 나타난다.
2. (필요하다면) 커서의 모양을 바꾼다.
3. 기본 모드(펜이 아래로 내려져 있는 상태)에서 커서를 움직이면 그림이 그려진다.
4. 그림을 그리고 싶지 않으면 커서를 위로 올린 후 원하는 위치로 움직인 다음 커서를 내린다.
5. 펜의 크기, 색 등을 원하는 대로 선택할 수 있다.
6. 위의 동작을 반복하면서 그림을 그린다.

어떻게 그림이 그려지는 지 직접 실행하면서 확인해 보자.

간단한 그림 그리기

파이썬 셸에서 다음과 같이 한줄씩 입력해가면서 실행해 보자.

```
1 import turtle
2 turtle.positon()
3 turtle.shape('turtle')
4 turtle.forward(100)
5 turtle.left(90)
6 turtle.forward(100)
7 turtle.penup()
8 turtle.goto(0,0)
9 turtle.down()
10 turtle.backward(100)
```

위 프로그램의 동작을 라인 번호대로 설명한다.

1. 터틀 모듈을 포함시켜 터틀 그래픽스를 사용할 준비가 된다.(눈에 띄는 변화 없음)
2. Python Turtle Graphics 창이 생기면서 화면 중앙에 조그만 화살촉같은 것이 보인다. 커서의 처음 기본 위치가 화면의 중앙인 (0, 0) 이므로 현재의 위치를 (0.00,0.00) 이라고 출력한다.
3. 커서의 모양을 화살촉에서 거북 모양으로 바꾼다. 거북이 머리 모양의 방향을 주의깊게 보자.
4. 100 픽셀만큼 앞으로 움직여 그림을 그린다. (커서의 기본방향인 오른쪽으로 그려짐)
5. 커서의 방향을 왼쪽으로 90도 회전시킨다.
6. 100 픽셀만큼 앞으로 움직여 그림을 그린다. (선이 위로 그려짐)
7. 펜을 위로 올린다.(눈에 띄는 변화 없음)
8. (0,0) 위치로 움직인다.
9. 펜을 내린다.(눈에 띄는 변화 없음)
10. 뒤로 100 픽셀만큼 움직여 그림을 그린다.

이상 설명한 내용이 터틀 그래픽스의 기본이다. 펜의 크기, 색 등을 원하는 대로 바꾸는 함수와 원, 점 등을 그리는 함수를 이용하면 다양한 그림을 그릴 수 있다.

다양하게 그림 그리기

앞의 프로그램에서 터틀의 메소드를 사용하기 위해 메소드의 이름 앞에 `turtle`을 계속 입력하였다. 이번에는 인스턴스를 이용해 거북이 커서를 만들고, 펜의 크기와 색도 변경해 보자. 이제부터는 IDLE에서 입력하고 실행하면서 필요시 파일 복사 후 내용을 추가한 다음 저장해 실행하는 것이 좋다.

프로그램 9.1: 인스턴스를 이용한 터틀 프로그램

```
import turtle

t = turtle.Turtle()
s = turtle.Turtle()
u = turtle.Turtle()

t.forward(100)
t.left(90)
t.forward(100)

s.right(90)
s.shape('turtle')
s.color('red')
s.pensize(5)
s.forward(100)
s.right(90)
s.forward(100)

u.shape('arrow')
u.right(90)
u.color('blue')
u.pensize(10)
u.circle(50)
```

위 프로그램에서 3개의 터틀 인스턴스를 생성하고, 각 인스턴스를 이용해 그림을 그린다. 펜의 크기를 바꾸는 함수 pensize(), 색을 바꾸는 함수 color(), 원을 그리는 함수 circle() 등이 사용되었다.

맨 처음 인스턴스 t는 기본 모양, 기본 색으로 그림을 그렸고, 인스턴스 s는 거북이 모양 커서로 붉은 색의 두께 5인 펜으로 그림을 그렸고, 인스턴스 u는 펜 두께 10의 푸른 색으로 반지름인 50인 원을 그렸다. 이 프로그램을 실행해 그림 9.1과 같이 나오는 지 확인해 보자.

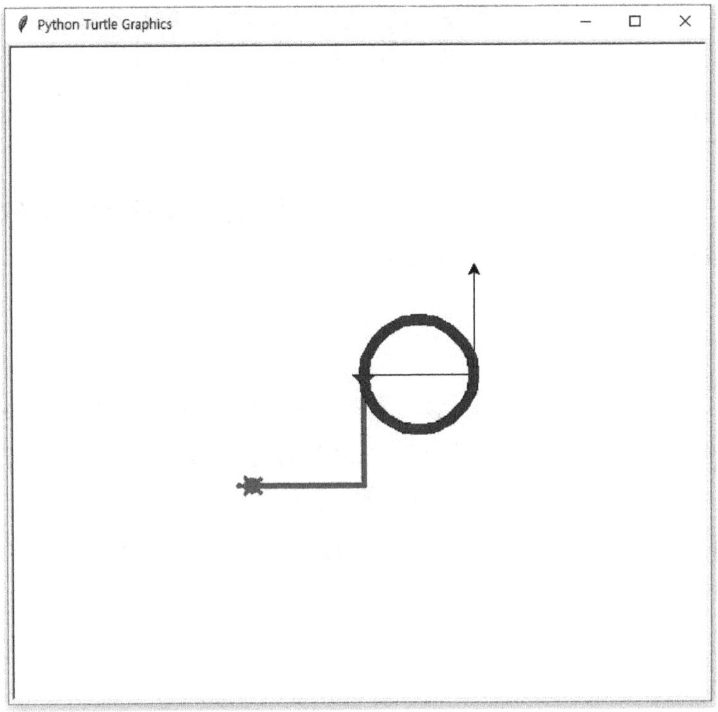

그림 9.1: 다양한 펜을 이용한 도형 그리기

터틀 그래픽스의 명령어

대표적인 터틀 그래픽스의 명령어는 다음과 같은 것들이 있고, 이외에도 터틀의 움직임과 그리기, 터틀의 상태, 펜의 그리기 상태와 펜의 제어, 텍스트를 입력받을 수 있는 textinput(), 숫자를 입력받을 수 있는 numinput() 등의 함수가 있다.

```
forward(n), fd(n)                  # 앞으로 n 픽셀 이동
backward(n), bk(n), back(n)        # 뒤로 n 픽셀 이동
left(deg), lt(deg)                 # 왼쪽으로 deg도 회전
right(deg), rt(deg)                # 오른쪽으로 deg도 회전
penup(), pu(), up()                # 펜 올리기( 움직일 때 선 안그려짐)
pendown(), pd(), down()            # 펜 내리기( 움직이면 선이 그려짐)
goto(x, y)                         # 커서를 위치(x, y)로 이동
showturtle()                       # 커서를 보인다
hideturtle()                       # 커서를 숨긴다 .
pensize(width)                     # 선의 두께를 width 로 지정
reset()                            # 터틀 그림을 지우고, 커서 (0, 0). 방향은 동쪽
```

```
clear()                        # 터틀 그림을 지운다. 커서 안 움직임
heading()                      # 터틀의 방향을 각도로 반환.
speed(n)                       # 터틀 속도 n (0: 최고, 1:느림, 10: 빠름)
pencolor(color)                # 펜 색 지정. 'red', 'green', 'blue'
```

터틀 그래픽스의 명령어에 대해 자세히 알고 싶으면 다음 주소를 참조하자. `https://docs.python.org/3/library/turtle.html`

IDLE의 Turtle Demo

IDLE의 [Help] / [Turtle Demo] 메뉴를 실행하면 Python turtle-graphics examples 창이 나타나고, 실행할 수 있는 여러 예제 데모 프로그램들이 있는 데, 이들을 선택해 실행할 수 있다. 어떤 것이 있는 지 조사하고 몇 개를 실행해 보라.

데모 중 하나인 fractalcurves를 실행하면 Hilbert curve가 먼저 나온 다음, 그림 9.2와 같은 모양의 출력 예를 볼 수 있다.

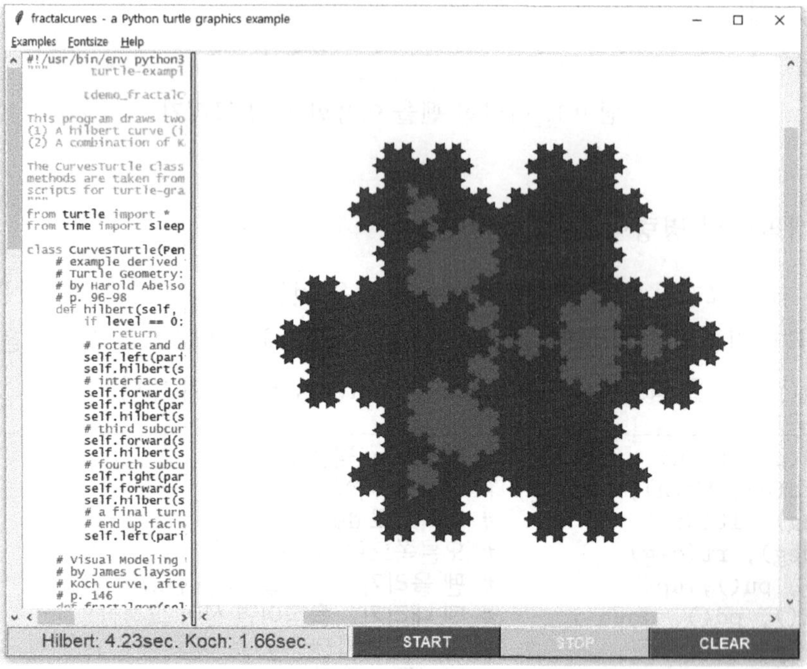

그림 9.2: fractalcurves 출력 예

Koch curve

그림 9.3에 표시한 것을 Koch curve라고 한다. Koch curve를 그리려면 한 변의 길이가 일정한(예:300)인 선분에서 출발한다. 선분을 3등분하여 가운데의 선분을 한 변으로 하는 정삼각형을 그리지만 밑변은 그리지 않는다. 이 과정을 계속 반복하면 그림 9.3을 얻을 수 있다. 이런 커브를 자기 상사성(닮음)이 있는 프랙털(fractal)이라 한다.

그림 9.3: Koch curve

예제

다음의 각 문제를 푸시오.

1. 정3각형을 그리는 프로그램을 작성해 보자.
2. 이번에는 정4각형을 그리는 프로그램을 작성해 보자.
3. 위의 두 예에서 어떤 규칙성을 찾을 수 있는가? 정다각형을 그리는 알고리즘을 유도하고 정5각형과 정6각형에 대해 검증해 보라.
4. 여러 종류의 정다각형을 그리기 위해, 한변의 길이가 L인 정N각형을 그리는 함수를 만들고 시험하라. L과 N은 키보드에서 정수로 입력받는다.

5. 반지름의 길이가 R인 원에 내접하는 정N각형을 그리는 함수를 작성하고 이를 시험하는 프로그램을 작성하라. 단 정N각형은 중심이 화면의 중앙에 있어야 하고, 항상 동쪽끝에서 그리기 시작한다. (R과 N은 키보드에서 입력받는 정수. N은 3 이상임)
6. 터틀 그래픽스와 재귀 호출을 이용해 Koch curve 그리기 프로그램을 작성하라.
7. Koch curve를 이용해 삼각형의 각 선분에 대해 재귀 호출을 반복해 그림 9.4와 같은 Koch 눈송이를 그리는 프로그램을 작성하라.

그림 9.4: Koch 눈송이

9.2 tkinter를 이용한 윈도우 구성

앞의 터틀 모듈을 이용한 그림 그리기는 사용하기 쉽지만, 속도가 느리고 다양한 입력의 처리가 가능하지 않다는 단점이 있다. 최근 대다수의 프로그램은 윈도우상에서 마우스를 이용해 메뉴, 버튼 등을 사용하는 그래픽 사용자 인터페이스(GUI: graphical user interface)를 이용해 구현된다. 이 절에서는 tkinter를 이용한 GUI 프로그래밍 방법에 대해 공부한다.

tkinter는 그래픽 사용자 인터페이스를 만들 때 많이 사용하는 모듈로 유닉스 계열에서 사용되던 Tcl/Tk를 파이썬에서 사용할 수 있게 객체 지향으로 확장한 것이다. Tkinter는 다른 GUI 프레임워크나 툴킷에 비해 지원되는 위젯들이 부족하고 사용자 인터페이스(UI)도 예쁘지 않다는 단점이 있지만, 파이썬 설치할 때 기본적으로 설치되는 모듈이기 때문에 쉽고 간단한 GUI 프로그램을 만들 때 활용된다.

https://docs.python.org/3/library/tkinter.html에 보면 tkinter에 대해 설명하고 있다. 명령어 라인에서 python -m tkinter라고 실행해 보자. tkinter가 시스템에 올바르게 설치되었으면 간단한 Tk 인터페이스를 보여주는 창이 열리고 설치된 Tcl / Tk 버전도 표시된다.

기본적인 윈도우 만들기

가장 기본적인 윈도우를 만드는 방법을 프로그램 9.2에 나타냈다.

프로그램 9.2: 윈도우 구성

```
1 from tkinter import *
2
3 window = Tk()
4
5 # 이 부분에서 필요한 화면을 구성하고 여러 처리를 함
6
7 window.mainloop()
```

1행은 파이썬에서 GUI 관련 모듈을 제공해주는 표준 윈도우 라이브러리 tkinter를 포함해 사용하겠다는 의미이며, 3행의 Tk( )는 기본이 되는 윈도우(루트 윈도우(Root Window) 또는 베이스 윈도우(Base Window))를 반환받아 이 행이 실행되면 윈도우 창이 출력된다. 5행의 주석 처리된 부분에 앞으로 여러가지 문장들이 추가되어 프로그램이 확장된다. 7행은 3행에서 만들어진 window창에서 키보드 누르기, 마우스 클릭 등의 이벤트가 발생하면 이를 처리하는 데 필요한 이벤트 처리 루프이다. 프로그램 9.2를 실행하면 그림 9.5와 같이 제목이 tk인 비어있는 간단한 윈도우를 볼 수 있다.

윈도우의 창 크기 조절

앞의 프로그램을 윈도우 창에 원하는 제목을 표시하고, 원하는 크기를 지정해 창을 만들고, 창의 크기를 바꿀 수 있도록 프로그램 9.3과 같이 수정해 보자.

4행에 title() 메소드를 이용해 윈도우 창에 제목을 표시했고, 5행에 geometry()로 창의 최초 크기를 600×400으로 지정하고, 6행에 resizable()로 창의 가로와 세로의 크기를 변경할 수 있도록(TRUE) 설정했다. FALSE이면 창의 크기변경이 불가능하다.

프로그램 9.3: 크기조절이 가능한 윈도우

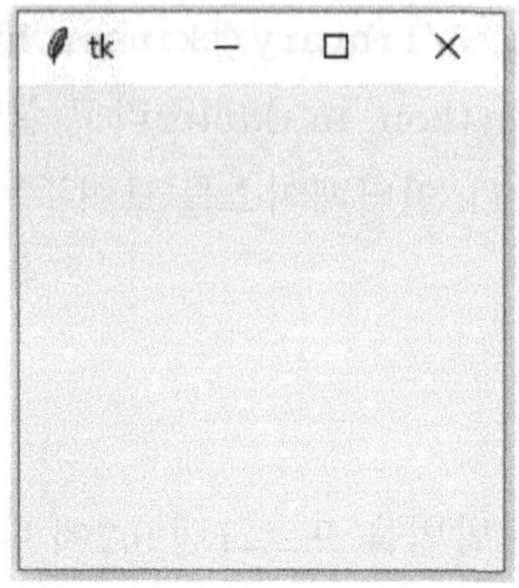

그림 9.5: 기본 윈도우 구성

```
from tkinter import *

window = Tk()
window.title("크기조절이 가능한 윈도우")
window.geometry("600x400")
window.resizable(width=TRUE, height=TRUE)

window.mainloop()
```

프로그램 9.3을 작성해 실행하면 그림 9.6과 같이 윈도우의 제목이 달라진 것을 알 수 있다. 마우스를 이용해 윈도우의 크기를 변경해 보자.

그림 9.6: 크기조절이 가능한 윈도우

9.3 위젯과 기본 활용법

윈도우 창에 나오는 문자, 버튼, 체크박스, 라디오버튼 등을 위젯(widget)이라 하는 데, 위젯을 이용한 프로그램을 작성하려면 각 위젯의 특성을 이해하고 이를 이용할 줄 알아야 한다.

tkinter에서 사용할 수 있는 여러 종류의 위젯을 그림 9.7에 표시하였다. (출전 : `http://pythoncard.sourceforge.net/samples/widgets.html`)

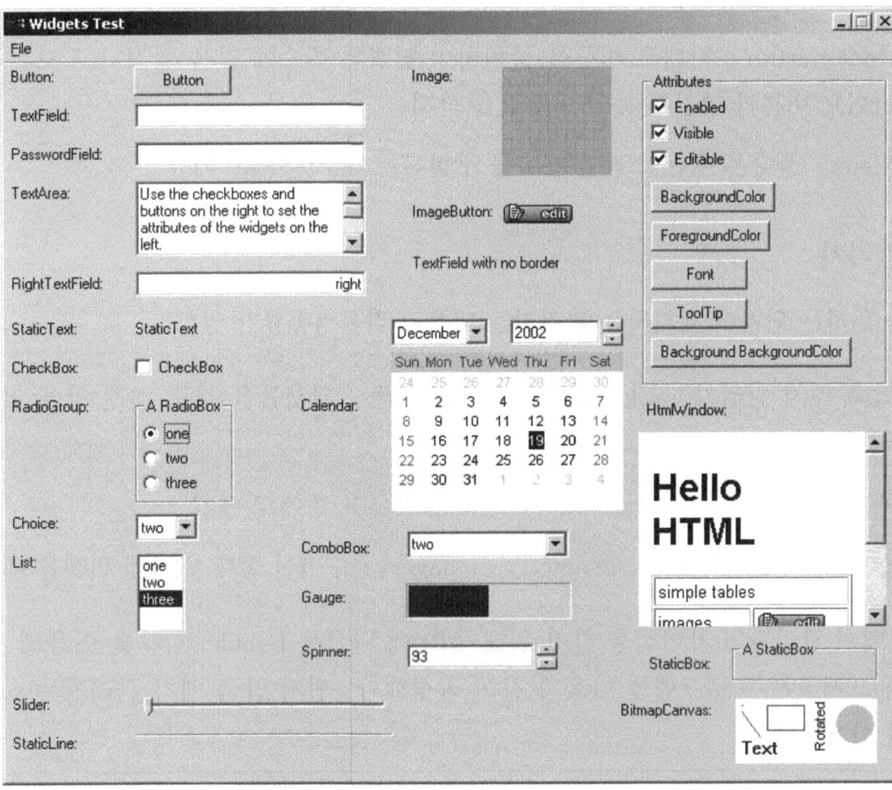

그림 9.7: 여러 종류의 위젯

위젯의 분류

위젯은 단순 위젯과 컨테이너 위젯으로 나누는 데, 컨테이너 위젯은 다른 단순한 위젯들을 안에 넣을 수 있는 위젯이다.

단순 위젯에는 Button, Canvas, CheckButton, Entry, Label, Message 등이 있고, 컨테이너 위젯에는 Frame, Toplevel, Label Frame, PanedWindow 등이 있다.

tkinter에서는 다음과 같은 위젯들이 제공된다.

- Label : 텍스트나 이미지를 출력
- Button : 명령을 실행하기 위해 사용되는 일반 버튼
- Checkbutton : 버튼을 클릭하여 여러 값 중 하나를 선택
- Radiobutton : 라디오 버튼을 클릭하여 연결된 변수에 값을 설정하고 모든 다른 라디오 버튼과 연결된 동일 변수값을 삭제
- Menu : 풀다운 메뉴와 팝업 메뉴를 구현하는 데 사용되는 메뉴

배치관리자

위젯을 원하는 위치에 배치하는 관리자는 다음과 같은 3종류가 있다.

- 압축 배치 관리자(pack geometry manager) : 위젯들을 부모 위젯 안에 압축해 배치
- 격자 배치 관리자(grid geometry manager) : 표 형태로 배치
- 절대 배치 관리자(place geometry manager) : 주어진 절대 위치에 위젯을 배치

세 배치 관리자의 차이점을 알기 위해, 뒤이어 나오는 Label() 함수를 이용해 세 레이블을 표시하는 프로그램을 다음과 같이 작성했다. 먼저 압축 배치 관리자는 pack() 함수를 사용한다.

```
from tkinter import *
window = Tk()

label1 = Label(window, text="Label 1", bg='red')
label2 = Label(window, text="Label 2", bg='green')
label3 = Label(window, text="Label 3", bg='blue')

label1.pack()
label2.pack()
label3.pack()
```

```
window.mainloop()
```

실행결과는 다음과 같다.

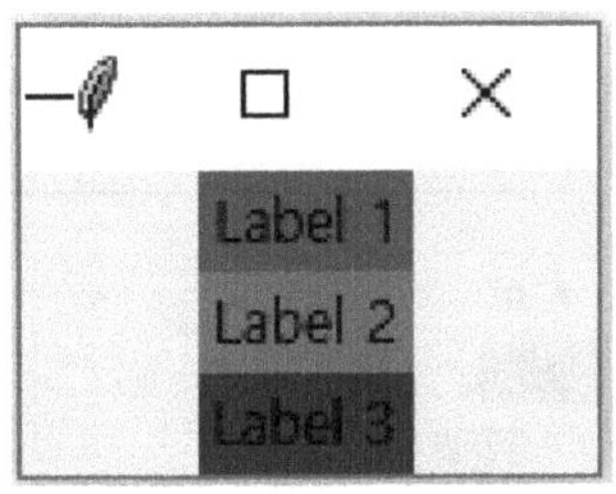

격자 배치 관리자는 grid() 함수를 사용한다. row, column 값을 적절히 바꿔 원하는 곳에 레이블이 배치되는 지 확인하자.

```
from tkinter import *
window = Tk()

label1 = Label(window, text="Label 1", bg='red')
label2 = Label(window, text="Label 2", bg='green')
label3 = Label(window, text="Label 3", bg='blue')

label1.grid(row=0,column=0)
label2.grid(row=0,column=1)
label3.grid(row=0,column=2)

window.mainloop()
```

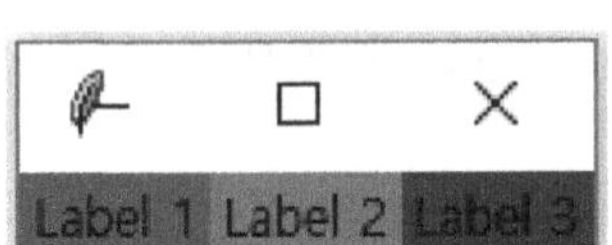

절대 배치 관리자는 위젯을 고정 위치에 배치하기 위해 place() 함수를 사용한다. 형식은 'place(x=X좌표, y=Y좌표, width=폭, height=높이)'이고, width와 height를 생략하면 위젯의 원래 크기로 표현한다. 값을 적절히 바꿔 보라.

```
from tkinter import *
window = Tk()

label1 = Label(window, text="Label 1", bg='red')
```

```
label2 = Label(window, text="Label 2", bg='green')
label3 = Label(window, text="Label 3", bg='blue')

label1.place(x=0, y =0)
label2.place(x=30, y=30)
label3.place(x=60, y=60)

window.mainloop()
```

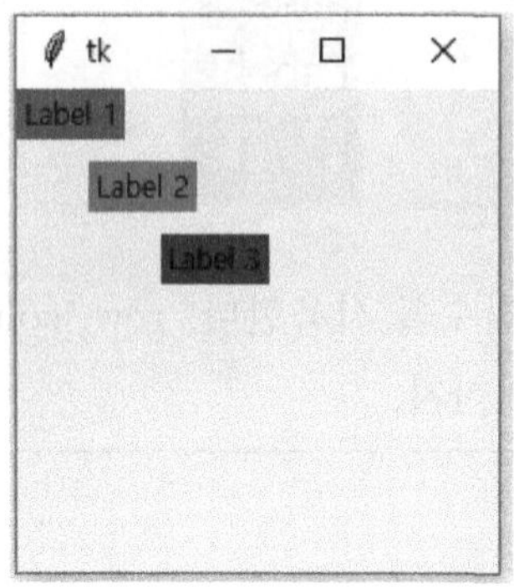

세 배치관리자의 특성을 알기 위해 위의 세 프로그램을 꼭 실행해 보고 순서 또는 숫자를 바꾸어 실행해 세 방법의 차이점을 알 수 있도록 하자.

이 책에서는 pack() 함수를 사용하는 압축 배치 관리자를 주로 사용한다.

레이블

Label(레이블, 라벨)은 문자 또는 이미지를 표현할 수 있는 위젯이다. 사용 형식은 다음과 같다. 옵션에서 위젯을 다양하게 설정할 수 있으며. 이 위젯들은 pack() 함수 등을 호출해 화면에 표시한다.

```
Label(부모윈도우, 옵션..)
```

프로그램 9.4: 레이블의 사용

```
from tkinter import *
window = Tk()

label1 = Label(window, text="Label 1",anchor=N)
label2 = Label(window, text="Label 2",font=("Courier", 20),fg="blue")
label3 = Label(window, text="Label 3",bg="yellow", width=20,height=2)
```

```
7
8  label1.pack()
9  label2.pack()
10 label3.pack()
11
12 window.mainloop()
```

4–6행은 Label() 함수로 레이블을 만들고, 8–10행은 pack() 함수를 이용해 해당 레이블을 화면에 표시하는 것이다.

옵션 중 text는 표시할 글자의 내용 자체를, font는 글꼴과 크기 지정을, fg는 foreground의 약자로 글자 색을, bg는 background의 약자로 배경색을 지정한다. width와 height는 위젯의 폭과 높이를 설정하며 anchor는 위젯이 어느 위치에 자리 잡을지를 지정한다. anchor에 사용할 수 있는 값은 N, NE, E, SE, S, SW, W, NW, CENTER 등이며 기본값은 CENTER이다. 색은 색상의 이름이나 #RRGGBB 문자열을 사용하여 빨강, 초록, 및 파랑(RGB) 색상 요소를 명시적으로 지정할 수 있다.

레이블에 이미지 파일 사용

레이블에 글자 대신 이미지를 사용할 수도 있는데, 사용 방법은 다음 프로그램과 같이 PhotoImage() 메소드를 이용해 이미지 파일을 읽는다. 지원되는 이미지 포맷은 gif, png, pgm이고, jpg, bmp 포맷 등은 지원되지 않는다. 적당한 gif 이미지 파일을 구해 test.gif로 이름을 바꾼 후 다음 프로그램을 실행하면 된다.

프로그램 9.5: 레이블에 이미지 파일 사용

```
from tkinter import *
window = Tk()

photo = PhotoImage(file="test.gif")
label = Label(window, image=photo)

label.pack()

window.mainloop()
```

버튼(Button)

마우스로 클릭하면 눌리는 효과와 함께 지정한 작업이 실행되게 하는 위젯으로 레이블과 다르게 버튼은 눌렸을 때 정해진 작업을 하도록 작업을 해야 한다.

사용 형식은 다음과 같다.

```
Button(부모윈도우, 옵션..)
```

다음 프로그램은 버튼을 누르면 (4행의 command 옵션에 quit 명령을 주었으므로) 파이썬 IDLE이 종료되는 프로그램이다.

프로그램 9.6: 버튼 사용 프로그램

```
1 from tkinter import *
2 window = Tk()
3
4 button = Button(window, text="Program Quit", fg="blue", command=quit)
5 button.pack()
6
7 window.mainloop()
```

다음은 버튼을 누르면 사용자가 미리 정의한 해당 함수가 실행되도록 변경된 프로그램이다. 두 개의 버튼 중 어느 것이든 누르면, 해당되는 함수가 호출되어 일을 수행한다.

프로그램 9.7: 2개의 버튼 사용 프로그램

```
from tkinter import *

def btnFunc1():
    print('Button 1 pressed.')

def btnFunc2():
    print('Button 2 pressed.')

window = Tk()

button1 = Button(window, text="Button1", fg="blue", command=btnFunc1)
button2 = Button(window, text="Button2", fg="red", command=btnFunc2)
button1.pack()
button2.pack()

window.mainloop()
```

버튼에도 이미지를 넣을 수 있다. 다음은 이미지 버튼을 누르면 간단한 메시지가 출력되는 프로그램이다. 4-5행에 간단한 메세지를 출력하는 btnFunc() 함수를 정의하였다.

프로그램 9.8: 이미지 버튼 프로그램

```
1  from tkinter import *
2
3  # function
4  def btnFunc() :
5      print("이미지를 눌렀습니다.")
6
7  window = Tk()
8
9  photo = PhotoImage(file="test.gif")
10 button1 = Button(window, image=photo, command=btnFunc)
11
12 button1.pack()
13
14 window.mainloop()
```

체크버튼

체크버튼(checkbutton)은 사용자가 클릭해 체크된 상태와 체크되지 않은 상태 중의 하나로 만들 수 있는 위젯이다. 즉 체크 박스의 켜기/끄기를 위해 사용되는 위젯이다.

사용 형식은 다음과 같다.

```
Checkbutton(부모 윈도우, 옵션…)
```

다음은 체크버튼을 켜거나 끄면, 그에 따른 메시지를 화면에 출력하는 프로그램이다.

프로그램 9.9: 체크 버튼 프로그램

```
from tkinter import *
window = Tk()

def chkFunc() :
    if chk.get() == 0 :
        print("check box is off")
    else :
        print("check box is on")

chk = IntVar()
```

```
11 check = Checkbutton(window,text="Click",variable=chk,command=chkFunc)
12
13 check.pack()
14
15 window.mainloop()
```

10행은 IntVar() 함수를 사용해 정수형 chk 변수를 준비한다. 11행은 Checkbutton() 옵션 중에서 variable에 chk 변수를 사용하는데, 체크버튼을 켜면 chk에 1이, 끄면 chk에 0이 대입된다. 또한 체크버튼을 켜거나 끄면 chkFunc() 함수가 실행된다. 4행–8행의 chkFunc() 함수는 chk.get() 함수를 이용해 체크버튼에 설정된 값을 가져와 해당 메시지를 출력한다. 프로그램을 실행해 체크버튼을 몇 번 켜고 꺼보자.

라디오 버튼

라디오 버튼(radio button)은 체크 박스와 비슷하지만 하나의 그룹 안에서는 하나만을 선택할 수 있다는 점이 다르다. 즉 여러 개 중 하나를 선택하는 데 사용되는 위젯이다

사용 형식은 다음과 같다.

```
Radiobutton(부모 윈도우, 옵션…)
```

프로그램 9.10: 라디오 버튼 프로그램

```
from tkinter import *
win = Tk()

def myFunc() :
    if var.get() == 1 :
        label.configure(text="cat")
    elif var.get() == 2 :
        label.configure(text="dog")
    else :
        label.configure(text="bird")

var = IntVar()
label = Label(win, text="Favorite pet", fg="blue")
b1 = Radiobutton(win,text="cat",variable=var,value=1,command=myFunc)
b2 = Radiobutton(win,text="dog",variable=var,value=2,command=myFunc)
```

```
16 b3 = Radiobutton(win,text="bird",variable=var,value=3,command=myFunc)
17
18 label.pack()
19 b1.pack()
20 b2.pack()
21 b3.pack()
22
23 win.mainloop()
```

라디오버튼을 선택하면 var에는 value에 할당된 값이 들어간다. 즉 b1 버튼을 선택하면 var에는 1이 대입된다. 4행–10행의 myFunc() 함수는 var 변수의 값에 의해 레이블의 텍스트를 변경한다. 프로그램을 실행해 라디오 버튼을 눌러 변화를 살펴보자.

엔트리 위젯

엔트리 위젯은 사용자로부터 입력을 받을 때 필요하다.

다음 프로그램은 임의의 마일 수를 입력한 후 변환 버튼을 누르면 킬로미터로 변환된 결과가 화면에 표시되는 프로그램이다. 앞에서 나온 레이블, 버튼과 함께 엔트리 위젯이 사용되는 예이다.

프로그램 9.11: 엔트리 위젯 사용 프로그램

```
from tkinter import *

def comp():
    mile = float(entry1.get())
    km = 1.609 * mile
    entry1.delete(0, 50)
    entry1.insert(0, str(km))

window = Tk()

label1 = Label(window, text="Convert mile to km")
entry1 = Entry(window)
button1 = Button(window, text="Convert", command=comp)

label1.pack(side=TOP)
entry1.pack(side=TOP)
button1.pack(side=TOP)
```

```
18
19 window.mainloop()
```

12행의 엔트리 위젯에서 마일 수를 입력받은 후 13행의 Convert 버튼을 누르면 3행의 comp() 함수가 실행된다. 4행에서 입력된 수를 get() 메소드로 가져와 실수로 변환 후, 5행의 변환식으로 킬로미터를 계산한다. 6행에서 앞에서 입력받은 엔트리의 내용을 지운 후, 7행의 insert() 메소드로 엔트리에 출력한다.

9.4 위젯 배치와 크기 조절

윈도우 창에 위젯이 여러 개 표시될 때는 위젯의 위치와 크기 조절을 잘 해야 한다. 이 절에서는 pack() 함수의 옵션을 이용해 수평 정렬, 수직 정렬 등을 하는 방법을 알아 보자.

수평으로 정렬

파이썬에서 pack( ) 함수를 사용해 위젯을 출력할 때 pack( )함수의 옵션 중 수평으로 정렬하는 방법으로 'side =LEFT,RIGHT'를 사용한다.

프로그램 9.12: 위젯을 수평으로 정렬

```
1  from tkinter import *
2  window = Tk()
3
4  b1 = Button(window, text="Button1")
5  b2 = Button(window, text="Button2")
6  b3 = Button(window, text="Button3")
7
8  b1.pack(side=LEFT)
9  b2.pack(side=LEFT)
10 b3.pack(side=LEFT)
11
12 window.mainloop()
```

8행–10행의 side=LEFT 옵션은 왼쪽부터 채우라는 의미이다. side=RIGHT 옵션을 사용해 재실행해 어떻게 달라지는 지 확인하자.

수직으로 정렬

파이썬에서 pack( ) 함수를 사용해 위젯을 출력할 때 pack( )함수의 옵션 중 수직으로 정렬하는 방법으로 'side=TOP, BOTTOM' 를 사용한다.

프로그램 9.12의 8–10행을 'side=TOP' 과 'side=BOTTOM'으로 변경한 후 각각의 실행 결과를 확인하자.(?는 1,2,3을 뜻함)

```
button?.pack(side=TOP)
```

위젯의 폭 맞추기

위젯의 폭을 윈도우 창의 폭에 맞추기 위해 프로그램 9.12의 8–10행을 다음과 같이 변경해 실행해 보자.

```
button?.pack(side=TOP, fill=X)
```

위젯 사이에 여백 주기

위젯 사이에 여백을 주려면 'padx=픽셀값' 또는 'pady=픽셀값' 방식을 사용한다. 프로그램 9.12의 8–10행을 다음과 같이 변경해 실행해 보자.

```
button?.pack(side=TOP, fill=X, padx=10, pady=10)
```

위젯 내부에 여백 주기

'ipadx=픽셀값' 또는 'ipady=픽셀값' 방식을 사용한다.

프로그램 9.12의 8–10행을 다음과 같이 변경해 실행해 결과가 어떻게 다른 지 확인하자.

```
button?.pack(side=TOP, fill=X, ipadx=10, ipady=10)
```

9.5 이벤트의 처리

윈도우 프로그램에서 키보드 또는 마우스를 누르면 해당되는 이벤트(event)가 발생되었다고 한다. mainloop( ) 함수는 이러한 이벤트가 발생하기를 기다리는 함수이고, 이벤트가 발생되면 발생된 이벤트의 종류에 따라 각 해당 응용 프로그램이 이를 적절히 처리하도록 프로그램이 작성되어야 한다.

키보드 이벤트와 마우스 이벤트를 처리하는 프로그램을 만들어 보자.

키보드 이벤트 처리

키보드 이벤트는 위젯에서 키보드가 눌리면 발생하는 이벤트이며 대표적인 것은 <Key> 이벤트이다.

다음 프로그램은 엔터키와 위 화살표를 누르면 해당 이벤트가 발생한 것을 알려주는 간단한 프로그램이다.

프로그램 9.13: 엔터키와 위 화살표키 이벤트 처리

```
from tkinter import *

def callback1(event):
        print('You pressed the enter key.')

def callback2(event):
        print('You pressed the up arrow.')

window = Tk()

window.bind('<Return>', callback1)
window.bind('<Up>', callback2)

window.mainloop()
```

다음은 뒤에 나오는 메세지박스를 이용해 어떤 키가 눌렸는 지 확인할 수 있는 프로그램이다.

프로그램 9.14: 키보드 이벤트 처리

```
from tkinter import *
from tkinter import messagebox

def keyEvent(event) :
    messagebox.showinfo("KeyEvent","Key pressed:"+chr(event.keycode))

window = Tk()
```

```
8
9   window.bind("<Key>",keyEvent)
10
11  window.mainloop()
```

4–5행은 키보드가 눌릴 때 작동하는 함수를 정의하는 데 event.keycode에는 눌린 키의 숫자값이 들어있으므로 chr( ) 함수를 사용하면 문자로 변환되어, 눌린 키가 메시지 창에 나온다.

마우스 이벤트 기본 처리

마우스를 사용할 때 여러 종류의 이벤트가 발생하는 데, 버튼을 클릭할 때, 더블 클릭할 때, 버튼에서 뗄 때, 버튼을 누른 채 드래그할 때 등이다.

이런 이벤트를 다음과 같이 요약할 수 있다.(아래에서 [n]은 마우스 왼쪽, 가운데, 오른쪽 버튼이 1, 2, 3 이다.)

- 마우스 클릭할 때는 <Button-[n]>(또는 모든 버튼 공통은 <Button>)
- 마우스 더블 클릭할 때는 <Double-Button-[n]>(또는 모든 버튼 공통은 <Double-Button>)
- 마우스 떼었을 때는 <ButtonRelease-[n]>(또는 모든 버튼 공통은 <ButtonRelease>)
- 마우스 드래그 할 때는 <B[n]-Motion> 이다.

마우스 이벤트가 처리되는 기본 형식은 다음과 같다.

```
def 이벤트처리함수(event) :
        # 이벤트 발생시 처리할 내용
        #
위젯.bind("마우스이벤트", 이벤트처리함수)
```

마우스 버튼 클릭 시 처리하는 간단한 코드가 다음과 같다.

프로그램 9.15: 마우스 버튼 클릭 시 처리 프로그램

```
1  from tkinter import *
2
3  def clickLeft(event) :
4      print("left button clicked")
5  def clickMiddle(event) :
6      print("middle button clicked")
7  def clickRight(event) :
8      print("right button clicked")
9
10 window = Tk()
11
12 window.bind("<Button-1>", clickLeft)
13 window.bind("<Button-2>", clickMiddle)
14 window.bind("<Button-3>", clickRight)
15
16 window.mainloop()
```

3–8행은 마우스 이벤트 시에 작동할 함수를 정의한다. 12–14행은 window.bind() 함수에 해당 마우스 버튼 클릭 시에 나오는 이벤트에 따라 3–8행의 함수 이름을 지정한다. 윈도우 창을 의미하는 window 변수를 사용했으므로, 윈도우 창 아무 곳이나 클릭해도 bind() 함수가 동작한다.

이벤트 매개변수의 활용

이벤트 매개변수에는 마우스 클릭시의 좌표, 마우스 버튼의 번호 등이 포함된다.

다음은 마우스를 클릭할 때마다, 어떤 마우스 버튼이 어느 좌표에서 클릭되었는지 보여주는 프로그램이다.

프로그램 9.16: 마우스 이벤트 매개변수의 활용

```
from tkinter import *

def clickButton(event) :
    msg =""
    if event.num == 1 :
        msg += "Left button clicked at ("
    elif event.num == 2 :
```

```
8             msg += "Middle button clicked at ("
9         elif event.num == 3 :
10            msg += "Right button clicked at ("
11        msg += str(event.y) + "," + str(event.x) + ")"
12        label1.configure(text=msg)
13
14    def doubleButton(event) :
15        msg =""
16        if event.num == 1 :
17            msg += "Left button double-clicked at ("
18        elif event.num == 2 :
19            msg += "Middle button double-clicked at ("
20        elif event.num == 3 :
21            msg += "Right button double-clicked at ("
22        msg += str(event.y) + "," + str(event.x) + ")"
23        label1.configure(text=msg)
24
25    window = Tk()
26
27    window.geometry("300x300")
28    label1 = Label(window, text="message area" )
29    label1.pack(expand=1, anchor=CENTER)
30    window.bind("<Button>", clickButton)
31    window.bind("<Double-Button>", doubleButton)
32
33    window.mainloop()
```

3–12행은 마우스 클릭 시 실행될 이벤트 함수를 정의한 것이고, 14–23행은 마우스 더블 클릭 시 실행될 이벤트 함수를 정의한다. 30–31행에서 마우스를 클릭 또는 더블 클릭하면 호출하는 함수를 각각 바인드 한다. event.num은 마우스의 버튼을 의미하며 event.x와 event.y는 클릭한 위치의 좌표이다.

9.6 메세지 박스

메세지 박스(MessageBox)는 프로그램에서 숫자 또는 문자 등의 값을 입력받아 사용하고 싶을 때 사용한다. 또한 주의나 경고 등의 메세지를 알리고 없어지는 윈도우의 한 종류로 다음과 같이 import 한 후 사용한다.

```
from tkinter import messagebox
```

프로그램 9.17은 버튼이 눌릴 때 끝낼 것인지 묻는 내용이다.

프로그램 9.17: askquestion() 메세지 박스 사용 프로그램

```
from tkinter import *
from tkinter import messagebox

def myFunc():
    messagebox.askquestion(title= 'Quit?', message= 'want to quit?' )

window = Tk()

button1 = Button(window, text="button", fg="red", command= myFunc)
button1.pack()
window.mainloop()
```

프로그램 9.17을 실행하면 그림 9.8과 같은 결과를 얻는다.

그림 9.8: askquestion() 함수 사용

위에서 사용한 askquestion() 외에 다음과 같은 메세지 박스도 있다. 프로그램 9.17을 수정해 이 두 메세지 박스도 시험해 보자.

```
showinfo(title= 'Message for you' , message= 'Hi There! ' )
showwarning(title= 'Warning' , message= 'Unsupported format'  )
```

프로그램 9.18에 모든 메세지박스의 사용 예를 표시했다. 프로그램을 실행해 각 메세지 박스가 어떤 모양인지 확인해 보자.

프로그램 9.18: 모든 메시지 박스

```
from tkinter import *
from tkinter import messagebox as mb

window = Tk()

mb.showinfo(title='showinfo', message='showinfo')
mb.askquestion(title='askquestion', message='askquestion')
mb.showwarning(title='showwarning', message='showwarning')
mb.askokcancel(title='askokcancel', message='askokcancel')
mb.askretrycancel(title='retrycancel',message='askretrycancel')
mb.askyesnocancel(title='yesnocancel',message='askyesnocancel')
mb.showerror(title='showerror', message='showerror')

window.mainloop()
```

9.7 대화상자

대화상자에는 간단한 대화상자와 파일 선택 대화상자가 있다.

간단한 대화상자

정수, 실수 또는 문자를 입력받을 때 사용하는 간단한 대화상자가 있다. 각 함수의 이름은 askinteger(), askfloat() 또는 askstring() 인데 이들 함수를 사용하려면 다음과 같이 import 한 후 사용한다.

```
from tkinter.simpledialog import *
```

프로그램 9.19: 간단한 대화상자

```
from tkinter import *
from tkinter.simpledialog import *

window = Tk()

val = askinteger("int", "type int number", minvalue=1, maxvalue=6)
val = askfloat("float", "type float number")
val = askstring("string", "type string")
```

```

window.mainloop()
```

파일 선택 대화상자

파일의 이름을 입력하는 대신 파일을 쉽게 선택해 사용할 수 있게 해주는 대화상자가 파일 선택 대화상자(FileDialog)이다. 많은 프로그램들이 파일을 열거나, 파일로 저장할 때 파일 선택 대화상자를 사용한다. 다음과 같이 import한 후 사용한다.

```
from tkinter.filedialog import *
```

파일 선택 대화상자는 표 9.1에 제시된 것과 같은 대화상자들이 있다.

표 9.1: 파일 선택 대화상자

대화상자	설명
askopenfilename	파일선택 대화상자
askopenfilenames	하나 이상의 파일을 선택할 수 있는 대화상자
asksaveasfilename	파일 저장 대화상자
askdirectory	디렉터리를 선택하는 대화상자

askopenfilename()과 asksaveasfilename()의 반환값은 선택한 파일의 이름이다. 선택된 이름이 없으면 반환값이 없다. askdirectory() 함수는 선택된 디렉터리의 이름을 반환한다. 사용 예는 다음과 같다.

```
from tkinter.filedialog import askopenfilename
filename = askopenfilename()
```

파일의 확장자가 일정한(예를 들어 GIF) 파일만 입력받으려면 다음과 같이 지정해 사용할 수 있다.

```
askopenfilename(filetypes=(("GIF 파일","*.gif"),("모든 파일","*.*")))
```

PhotoImage와 파일 열기 대화 상자를 이용해 임의의 GIF 이미지를 선택해 화면에 표시하는 프로그램을 작성해 보자.

프로그램 9.20: 파일 열기 대화 상자 이용 이미지 보이기 프로그램

```
from tkinter import *
from tkinter.filedialog import askopenfilename

window = Tk()

window.title("Show image with PhotoImage")
fname = askopenfilename(parent=window, filetypes = (("GIF 파일",
↪ "*.gif"), ("모든 파일", "*.*")))
photo = PhotoImage(file=fname)
w = Label(window, image=photo)
w.pack()

window.mainloop()
```

9.8 메뉴

대부분의 GUI 프로그램은 메뉴를 사용해 작성된다.

프로그램 9.21은 [File] 메뉴 아래에 [Menu1]과 [Menu2]의 하위 메뉴가 보이도록 작성되었다.

프로그램 9.21: 메뉴 만들기 프로그램

```
from tkinter import *

window = Tk()
window.title("window with menu")
window.geometry("600x400")
mainMenu = Menu(window)
window.config(menu = mainMenu)

fileMenu = Menu(mainMenu,tearoff=0)
mainMenu.add_cascade(label = "File", menu = fileMenu)
fileMenu.add_command(label = "Menu1")
fileMenu.add_separator()
fileMenu.add_command(label = "Menu2")

window.mainloop()
```

Menu(window) 함수를 이용해 mainMenu를 창에 만들었고, Menu(mainMenu,tearoff=0)로 File 메뉴를 만들었다. (tearoff=0을 없애면 어떻게 되는 지 시험해 보라.) fileMenu에 붙이는 여러 메소드(`add_cascade()`, `add_command()`)를 이용해 File 메뉴의 서브메뉴 두 개를 만들었다.

프로그램 9.21을 실행하면 그림 9.9와 같은 결과가 나온다.

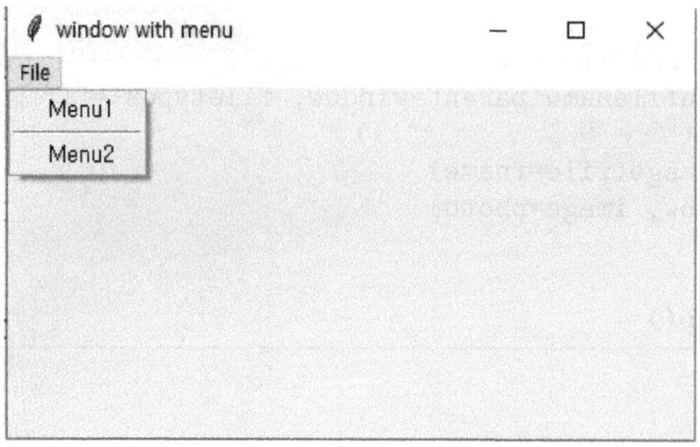

그림 9.9: 메뉴 프로그램의 실행

그림 9.9처럼 실행된 프로그램의 메뉴 버튼을 눌러 선택해도 동작이 실제로 일어나지는 않는다. 메뉴 선택에 따른 동작이 정의되지 않았기 때문이다.

이번에는 메뉴를 선택하면 어떤 동작을 할 수 있도록 코드를 추가해 보기로 하자.

메뉴 선택에 따른 동작

PhotoImage를 이용해 임의의 이미지 파일을 선택하면 그 파일을 열어 화면에 표시하는 프로그램을 작성해 보자.

프로그램 9.22: 이미지 보이기 프로그램

```
from tkinter import *
from tkinter.filedialog import askopenfilename

def imgOpen():
    fname = askopenfilename(parent=window, filetypes = (("GIF 파일",
    ↪  "*.gif"), ("모든 파일", "*.*")))
    print(fname)
    photo = PhotoImage(file=fname)
```

```
    w = Label(window, image=photo)
    w.photo = photo
    w.pack()
    window.mainloop()

def ftExit():
    window.quit()
    window.destroy()

window = Tk()
window.title("Show image with PhotoImage")
#window.geometry("400x200")
mainMenu = Menu(window,tearoff=0)
window.config(menu = mainMenu)

fileMenu = Menu(mainMenu)
mainMenu.add_cascade(label = "File", menu = fileMenu)
fileMenu.add_command(label = "Open", command = imgOpen)
fileMenu.add_separator()
fileMenu.add_command(label = "Exit", command = ftExit)

window.mainloop()
```

연습문제

1. 위젯에 대해 설명하라.
2. 체크버튼과 라디오버튼의 차이점은?
3. 이벤트를 발생시키는 장치는 어떤 것이 있나?
4. 위젯을 배치하는 함수에는 어떤 것들이 있나?

프로그래밍 문제

1. 난수발생기와 tkinter 프로그램을 이용해 주사위를 n번 던지면, 던져진 주사위의 눈금을 모두 출력하는 프로그램을 작성하라.
2. 앞에서 나온 여러 위젯을 시험하는 프로그램을 작성하라.
3. 임의의 GUI 프로그램을 만들고, 메뉴 선택에 따른 동작을 할 수 있게 코드를 추가한 프로그램을 작성하라.
4. 정다각형 그리기와 재귀호출로 Koch 커브 그리기를 결합한 프로그램을 다음 안내에 따라 작성하라. 반지름인 leng인 원에 내접하는 정n각형의 각 변이 재귀호출 횟수 r인 Koch 커브를 그리는 프로그램을 작성하시오. 입력값 leng(>= 150), n(>=3), r(>=0)은 실행 후 키보드로 주어짐.

제 10 장

데이터 사이언스 소개

Contents

이 장에서는 데이터 사이언스(Data Science)를 간단히 소개하고 데이터 사이언스 처리를 위해 필요한 몇 가지 프로그램에 대해 알아 본다. 수식 계산에 필요한 넘파이, 그림을 그릴 때 사용되는 matplotlib, 표 형태의 데이터 계산에 사용되는 판다스, 텍스트 데이터 시각화 기술인 워드 클라우드에 대해 공부한다.

10.1 데이터 사이언스

Data Science(데이터 사이언스, 데이터 과학)는 과학적 방법, 프로세스, 알고리즘 등을 사용해 수많은 데이터에서 의미 있는 정보, 지식, 통찰력을 추출하는 학제 간 분야이다. 데이터 사이언스는 데이터 마이닝, 기계 학습, 빅 데이터와 관련이 있다.

데이터 사이언스는 데이터를 이용해 실제 현상을 이해하고 분석하기 위한 통계학, 데이터 분석, 관련 방법을 통합하는 개념이다. 데이터 사이언스는 수학, 통계학, 전산학, 컴퓨터 과학 등의 여러 분야에서 도출된 기법과 이론을 사용한다.

튜링상을 수상한 Jim Gray는 데이터 사이언스를 과학의 네 번째 패러다임(경험적, 이론적, 계산적 과학을 거쳐 지금의 데이터 중심 과학)으로 생각했다. 그는 '정보 기술과 거대한 데이터의 영향으로 과학에 대한 모든 것이 변하고 있다'고 주장했다.

컴퓨터 하드웨어와 소프트웨어 기술의 발전과 빠른 네트워크 속도, 방대한 서버 용량의 증대 등으로 전에는 다루기 힘들었던 대규모의 데이터도 빠르게 처리할 수 있게 되었고, 데이터를 처리하고 분석하는 일도 더욱 쉽고 효율적으로 할 수 있다. 데이터 사이언스의 모든 단계에서 필요한 능력인 소프트웨어를 개발할 수 있는 프로그래밍 기술력을 향상시켜 보자.

10.2 넘파이

넘파이(NumPy)는 Numerical Python의 약어로 거의 모든 과학 및 공학 분야에서 사용되는 오픈소스 파이썬 라이브러리이다. 파이썬에서 방대한 숫자 데이터를 다루는 데는 거의 필수적으로 사용되는 도구이다[12].

넘파이는 초보 프로그래머부터 연구 개발을 수행하는 숙련된 연구원까지 많은 사람들이 사용한다. 넘파이 API는 판다스, SciPy, Matplotlib, scikit-learn, scikit-image 등 대부분의 데이터 사이언스 패키지에서 많이 사용된다.

넘파이 라이브러리에는 다차원 배열 및 행렬 데이터 구조가 포함되어 있다. 균일한 n차원 배열인 ndarray(n-dimensional array)를 제공해 빠른 계산이 가능하고, 방대한 수준의 수학 라이브러리 함수를 제공한다.

설치와 ndarray 개요

넘파이는 다음과 같이 설치한다.

```
pip install numpy
```

제대로 설치되었는 지 확인하기 위해, 설치 후 셸에서 다음과 같이 실행해 보자.

```
>>> import numpy as np
>>> np.pi
3.141592653589793
```

넘파이의 주요 객체는 같은 종류 데이터의 다차원 배열이다. 음이 아닌 정수의 튜플에 의해 인덱싱되는 동일한 유형의 요소(대부분 숫자) 표이며, 넘파이에서 차원은 축axis 이라고 부른다.

넘파이에서 사용하는 넘파이 배열 클래스는 ndarray라 부르며 이것은 파이썬의 배열과 똑같지는 않다. ndarray 객체의 속성에는 다음과 같은 것들이 있다.

ndarray.ndim 배열의 차원의 수(축 이라고도 부름)

ndarray.shape 배열의 차원으로 각 차원에서 배열의 크기를 나타내는 정수의 튜플. $m \times n$ 행렬의 shape은 (m, n)튜플 shape의 길이는 축의 수인 ndim과 같음.

ndarray.size 배열의 총 요소 수로 shape의 요소의 곱과 같음.

ndarray.dtype 배열의 요소 유형을 설명하는 객체. 표준 파이썬 유형을 사용해 dtype을 만들거나 지정할 수 있음. 또한 넘파이는 numpy.int32, numpy.int16, numpy.float64 등의 자체 유형을 제공.

ndarray.itemsize 배열의 각 요소 크기(바이트).

예를 들어 1차원 배열로 표시할 수 있는 3D 공간의 한 점의 좌표 [0,1,2] 에는 하나의 축이 있으며 이 축에는 3 개의 요소가 있고 길이는 3이다. 또한 2차원 배열 [[0,1,2],[3,4,5]] 에는 2개의 축이 있다. 첫 번째 축의 길이는 2이고 두 번째 축의 길이는 3이다.

위의 내용을 보다 쉽게 이해하기 위해 셸에서 다음과 같이 입력하면서 확인해 보자. 1차원과 2차원 배열의 예를 들어 설명한다.

```
>>> import numpy as np
>>> a=np.array([0,1,2])                  # 1차원 넘파이 배열의 생성
>>> a                                    # 내용 확인
array([0, 1, 2])
>>> b = np.array([[0,1,2],[3,4,5]])  # 2차원 넘파이 배열의 생성
>>> b                                    # 내용 확인
array([[0, 1, 2],
       [3, 4, 5]])
>>> a.ndim                               # 객체 차원
1
>>> b.ndim                               # 객체 차원
2
>>> a.shape                              # 객체 형태 :크기 3인 1차원 배열
(3,)
>>> b.shape                              # 객체 형태 : (2,3)차원의 2차원 배열
(2, 3)
>>> b.shape[0]
2
>>> b.shape[1]
3
>>> a.size
3
>>> b.size
6
>>> print(a.dtype, b.dtype)
int32 int32                         # 파이썬 버전 비트수(32,64)에 따라 다름
>>> print(a.itemsize, b.itemsize)
4 4                                      # 설치된 파이썬 버전에 따라 다름
>>> print(type(a), type(b))
<class 'numpy.ndarray'> <class 'numpy.ndarray'>
```

배열의 생성

넘파이 배열을 만드는 방법에는 이미 존재하는 데이터를 이용해 배열을 만드는 방법과 넘파이가 배열을 생성할 때 특정한 값을 주면서 만드는 방법으로 나눌 수 있다.

array() 함수 사용

array() 함수를 사용하면 파이썬의 리스트나 튜플로부터 넘파이 배열을 만들 수 있다.

```
>>> a = np.array([0,1,2]) # 리스트 이용
>>> a
array([0, 1, 2])
>>> b = np.array((0,1,2)) # 튜플 이용
>>> b
array([0, 1, 2])
```

다음과 같이 2차원의 넘파이 배열을 만들 수도 있다.

```
>>> a = np.array([[0,1,2],[3,4,5]])
>>> a
array([[0, 1, 2],
       [3, 4, 5]])
>>> a = np.array([(0,1,2),(3,4,5)])
>>> a
array([[0, 1, 2],
       [3, 4, 5]])
```

값을 주면서 만들기

배열을 만들 때 특정한 값을 주면서 만드는 여러 방법이 있다. zeros() 함수는 요소가 모두 0인 배열을 만들고, ones() 함수는 모든 요소가 1인 배열을 만든다. full() 함수는 특정한 요소로 채운 배열을 만들고, eye() 함수는 단위 행렬(identity matrix)인 배열을 만들고, empty() 함수는 임의의 수로 채워진 배열을 만든다.

```
>>> a = np.zeros((2,3))
>>> a
array([[0., 0., 0.],
       [0., 0., 0.]])
>>> b = np.ones((2,3))
>>> b
array([[1., 1., 1.],
       [1., 1., 1.]])
>>> c = np.full((2,2),5)
>>> c
array([[5, 5],
       [5, 5]])
>>> d = np.eye(3)
>>> d
array([[1., 0., 0.],
```

```
       [0., 1., 0.],
       [0., 0., 1.]])
>>> e = np.empty((2,2))
>>> e
array([[0.5394456 , 0.45664235],
       [0.51314213, 0.20353093]])
>>> f = np.ones((2,3), np.int8)
>>> f
array([[1, 1, 1],
       [1, 1, 1]], dtype=int8)
>>> g = f.astype(np.float32) # 데이터형을 바꾸고 싶을 때 astype() 사용
>>> g
array([[1., 1., 1.],
       [1., 1., 1.]], dtype=float32)
>>> h = np.float32(f) # 데이터형을 바꾸고 싶을 때(다른 방법)
>>> h
array([[1., 1., 1.],
       [1., 1., 1.]], dtype=float32)
```

위의 예에서 보듯이 데이터형을 바꾸고 싶을 때 astype()을 사용한다.

`arange([start], stop, [step])` 함수는 파이썬의 range() 함수와 사용법이 유사하나 step값이 정수가 아닌 실수값도 가능하다는 것이 다른 점이다.

```
>>> np.arange(1,5)
array([1, 2, 3, 4])
>>> np.arange(1,5,0.5)
array([1. , 1.5, 2. , 2.5, 3. , 3.5, 4. , 4.5])
```

`linspace(start, stop, n)` 함수는 시작start부터 끝end값까지 같은 간격으로 지정된 수 n만큼의 배열을 만든다.

```
>>> np.linspace(0,2,9)
array([0.  , 0.25, 0.5 , 0.75, 1.  , 1.25, 1.5 , 1.75, 2.  ])
```

난수 함수 이용

난수를 이용해 배열을 만들 수도 있다. `random.rand(n)`과 `random.random(n)`는 n개의 실수 난수를 발생시킨다. `random.rand((m,n))`과 같이 사용하면 $m \times n$ 난수 배열이 만들어진다.

```
>>> np.random.rand(5)
array([0.52889195, 0.20068259, 0.05233551, 0.48855373, 0.27658442])
>>> np.random.random(5)
array([0.11514774, 0.23939876, 0.50795889, 0.71086715, 0.81953223])
>>> np.random.rand(2,3)
array([[0.04457684, 0.15843047, 0.75255936],
       [0.54224758, 0.16345608, 0.59105608]])
```

정수 난수를 만들고 싶으면 `random.randint()` 함수를 사용한다. `random.randint(n)`로 호출하면 0부터 $n-1$의 수 중 하나의 난수를 발생시키고, `random.randint(m, n)`라고 호출하면 m부터 $n-1$의 수 중 하나의 난수를 발생시킨다. `random.randint(m, n, k)`로 호출하면 m부터 $n-1$의 수 k개로 구성된 배열을 반환한다.

```
>>> np.random.randint(5)
3
>>> np.random.randint(1,7)
6
>>> np.random.randint(1,7,size=10)
array([1, 4, 5, 5, 4, 4, 1, 3, 5, 6])
```

정규분포 난수를 사용하고 싶으면 `np.random.randn()` 함수를 사용한다. 난수들의 평균이 0이고 표준편차는 1인 표준정규분포가 되도록 10개의 난수 배열을 생성하려면 `np.random.randn(10)`라 호출한다.

```
>>> np.random.randn(10)
array([-0.16997599,-1.47209919,-0.91531942,0.09238368,0.18171567,
       -1.48255265,0.40690411,0.66492747,0.20156164,-0.96916865])
```

평균이 5이고 표준편차가 2인 표준정규분포가 되도록 3행 3열의 난수 배열을 만들려면 다음과 같이 사용한다.

```
>>> m=5
>>> s=2
>>> da = m + s *np.random.randn(3,3)
>>> da
array([[3.1150014 , 3.96233445, 4.29324932],
       [6.79479381, 3.05395345, 5.4720086 ],
```

다른 데이터형의 배열을 만들고 싶으면, 배열을 만들 때 dtype을 이용해 다음과 같이 명시한다.

```
>>> d = np.ones((2,3), dtype=np.int16) # dtype='int16' 도 가능
>>> d
array([[1, 1, 1],
       [1, 1, 1]], dtype=int16)
```

배열의 차원 변경

reshape() 함수와 flatten(), ravel() 함수는 배열의 차원을 바꾸고 싶을 때 사용한다.

다음과 같이 1차원 배열을 만든 다음

```
>>> a=np.arange(12)
>>> a
array([ 0,  1,  2,  3,  4,  5,  6,  7,  8,  9, 10, 11])
```

reshape(m, n) 함수를 사용해 m행 n열의 2차원 배열로 바꿀 수 있다.

```
>>> a.reshape(2,6)                    # 2행 6열
array([[ 0,  1,  2,  3,  4,  5],
       [ 6,  7,  8,  9, 10, 11]])
```

이때 2번째 인수를 -1을 주면 데이터 수에 맞춰 자동으로 배열이 만들어 진다.

```
>>> a.reshape(2,-1)
array([[ 0,  1,  2,  3,  4,  5],
       [ 6,  7,  8,  9, 10, 11]])
```

이번에는 3행 4열의 배열로 바꾸어 b에 저장한 후에, 출력하면 다음과 같은 결과를 얻는다.

```
>>> b=a.reshape((3,4))
>>> b
array([[ 0,  1,  2,  3],
       [ 4,  5,  6,  7],
       [ 8,  9, 10, 11]])
```

이렇게 생성된 2차원 배열을 1차원 배열로 바꾸고 싶을 때에는 `ravel()` 또는 `flatten()` 함수를 이용한다.

```
>>> b.ravel()
array([ 0,  1,  2,  3,  4,  5,  6,  7,  8,  9, 10, 11])
>>> b.flatten()
array([ 0,  1,  2,  3,  4,  5,  6,  7,  8,  9, 10, 11])
```

행렬의 계산

다음의 두 행렬을 이용해 여러 연산을 해 보자.

$$a = \begin{bmatrix} 1 & 2 \\ 3 & 4 \end{bmatrix}, b = a^T = \begin{bmatrix} 1 & 3 \\ 2 & 4 \end{bmatrix}$$

일 때, 넘파이에서 다음과 같이 만들 수 있다.

```
>>> a=np.arange(1,5).reshape(2,2)
>>> a
array([[1, 2],
       [3, 4]])
>>> b = np.transpose(a) # b = a.T 도 가능함
>>> b
array([[1, 3],
       [2, 4]])
```

a의 전치 행렬(transpose matrix) b는 `b = a.T` 또는 `b = np.transpose(a)`로 구할 수 있다.

두 행렬 a, b에 대해 $a + b$, $a - b$, $a * b$, a/b를 계산해 보면 다음과 같다. 배열의 산술 연산자($+ - */$))는 요소별로 적용된다는 것을 알 수 있다.

```
>>> a+b
array([[2, 5],
       [5, 8]])
>>> a-b
array([[ 0, -1],
       [ 1,  0]])
>>> a*b
array([[ 1,  6],
```

```
       [ 6, 16]])
>>> a/b
array([[1.        , 0.66666667],
       [1.5       , 1.        ]])
```

위의 계산을 다음과 같은 방법으로도 할 수 있다.

```
>>> np.add(a,b)
array([[2, 5],
       [5, 8]])
>>> np.subtract(a,b)
array([[ 0, -1],
       [ 1,  0]])
>>> np.multiply(a,b)
array([[ 1,  6],
       [ 6, 16]])
>>> np.divide(a,b)
array([[1.        , 0.66666667],
       [1.5       , 1.        ]])
```

두 행렬의 곱셈 $a \cdot b$는 다음의 3가지 방법 중 하나를 이용해 구할 수 있다. (`a@b`, `a.dot(b)`, `np.matmul(a,b)`)

```
>>> a@b
array([[ 5, 11],
       [11, 25]])
>>> a.dot(b)
array([[ 5, 11],
       [11, 25]])
>>> np.matmul(a,b)
array([[ 5, 11],
       [11, 25]])
```

1차원 배열을 `reshape()` 함수를 이용해 서로 다른 모양의 다차원 배열로 바꾸어 보자. 24개의 요소를 가지고 있는 1차원 배열을 4행 6열의 2차원 배열로 변경한 다음 내용을 출력한다.

```
>>> a = np.arange(24).reshape(4,6) #  4행 6열의 2차원 배열로 변경
>>> a
array([[ 0,  1,  2,  3,  4,  5],
       [ 6,  7,  8,  9, 10, 11],
```

```
       [12, 13, 14, 15, 16, 17],
       [18, 19, 20, 21, 22, 23]])
```

이번에는 2행 4열 3채널의 3차원 배열로 변경한 다음 내용을 출력해 본다.

```
>>> a = np.arange(24).reshape(2,4,3) # 2행 4열 3채널
>>> a
array([[[ 0,  1,  2],
        [ 3,  4,  5],
        [ 6,  7,  8],
        [ 9, 10, 11]],

       [[12, 13, 14],
        [15, 16, 17],
        [18, 19, 20],
        [21, 22, 23]]])
```

마지막으로 3행 4열 2채널의 3차원 배열로 변경한 다음 내용을 출력해 본다.

```
>>> a = np.arange(24).reshape(3,4,2) # 3행 4열 2채널
>>> a
array([[[ 0,  1],
        [ 2,  3],
        [ 4,  5],
        [ 6,  7]],

       [[ 8,  9],
        [10, 11],
        [12, 13],
        [14, 15]],

       [[16, 17],
        [18, 19],
        [20, 21],
        [22, 23]]])
```

넘파이 내장함수의 활용

넘파이는 배열의 데이터를 이용해 다양한 계산을 할 수 있는 함수가 많이 있다. 만약 학생 10명의 국어, 영어, 수학 성적이 넘파일 배열에 들어 있다고 할 때 여러 계산을 하는 예를 보이면서 사용하는 함수를 설명한다.

데이터를 일일이 입력하기 쉽지 않으니 앞에서 배운 난수 함수를 이용해 학생 10명의 국영수 점수를 만들어 보자.

```
>>> s = 100*np.random.rand(10,3)
>>> s
array([[33.18822557, 55.96483655, 33.54996465],
       [41.1182546 ,  7.68555017, 85.30429903],
       [43.99874555, 12.19541471, 73.17346246],
       [13.87824655, 76.68800492, 83.19897678],
       [30.97780552, 59.75822903, 87.23924598],
       [98.30208669, 46.7403279 , 87.57444947],
       [29.60686989, 13.12910529, 84.28179335],
       [65.90363039, 59.5439605 , 43.63536983],
       [35.62503268, 58.71309253, 14.9471337 ],
       [17.12385982, 39.71645229, 63.79515643]])
```

소수점 이하가 너무 많으므로 반올림 함수 round()를 이용해 정리하자.

```
>>> t = np.round(s)
>>> t
array([[33., 56., 34.],
       [41.,  8., 85.],
       [44., 12., 73.],
       [14., 77., 83.],
       [31., 60., 87.],
       [98., 47., 88.],
       [30., 13., 84.],
       [66., 60., 44.],
       [36., 59., 15.],
       [17., 40., 64.]])
```

이 데이터에 대해 모든 점수의 합계, 최저점, 최고점, 점수의 평균, 표준편차, 분산을 계산하는 예이다.

```
>>> t.sum()
1499.0
>>> t.min()
8.0
>>> t.max()
98.0
>>> t.mean()
49.96666666666667
>>> t.std()
```

```
26.182033704219556
>>> t.var()
685.4988888888888
```

넘파이의 좋은 기능 중에 하나는 이런 계산을 특정 행 또는 열에 대해서도 할 수 있다는 것인데, axis 매개변수를 이용해 계산할 행이나 열을 지정한다. 다음은 axis 매개변수를 0으로 해 각 과목의 평균, 최고점수, 최저 점수를 출력한 것이다.

```
>>> t.mean(axis=0)
array([41. , 43.2, 65.7])
>>> t.max(axis=0)
array([98., 77., 88.])
>>> t.min(axis=0)
array([14.,  8., 15.])
```

다음은 각 학생의 3과목 합계 점수를 출력한 것이다(axis 매개변수를 1으로 해 계산). 누가 최고점을 얻었는 지 쉽게 알 수 있다.

```
>>> t.sum(axis=1)
array([123., 134., 129., 174., 178., 233., 127., 170., 110., 121.])
```

논리적 인덱싱

몸무게가 30kg 이상 90kg 미만인 사람 15명 중에서 60kg 이상인 사람을 선택하고 싶을 때 넘파이 문장을 이용하면 다음과 같이 할 수 있다.

사용할 데이터를 만든다.

```
>>> weights = np.random.randint(30, 90, 15)
>>> weights
array([71, 63, 60, 65, 35, 71, 43, 61, 83, 44, 46, 31, 75, 81, 33])
```

몸무게 60kg 이상인 사람을 선택하려면 다음 조건식을 사용한다.

```
>>> r = weights >= 60
>>> r
array([ True,  True,  True,  True, False,  True, False,  True,  True,
       False, False, False,  True,  True, False])
```

위에서 보듯 결과는 부울형의 넘파이 배열로 결과가 나오는 데, 이것을 이용하면 60kg 이상인 사람을 쉽게 선택할 수 있다.

```
>>> weights[r]
array([71, 63, 60, 65, 71, 61, 83, 75, 81])
```

또는 중간 결과 r의 사용없이 다음과 같이 바로 결과를 얻을 수도 있다.

```
>>> weights[weights >= 60]
array([71, 63, 60, 65, 71, 61, 83, 75, 81])
```

넘파이의 더 자세한 사용법은 다음 주소를 참고하기 바란다.

- https://numpy.org/
- https://numpy.org/devdocs/user/quickstart.html
- https://numpy.org/doc/stable/user/tutorials_index.html
- https://numpy.org/doc/stable/user/absolute_beginners.html

10.3 matplotlib

데이터를 눈에 보여주는 시각화 도구가 파이썬에 많이 있다. 그중에서 matplotlib(맷플롯립 또는 맷플롯라이브러리)을 많이 사용하는 데, 막대그래프, 선그래프, 점그래프, 3차원그래프는 물론 이미지도 화면에 그려주는 라이브러리이다[16]. 이것은 무료이고 소스가 공개된(오픈 소스) 라이브러리인데 비싼 Matlab 프로그램 대신 사용할 수 있다는 것도 장점이다.

matplotlib을 사용하려면 먼저 다음과 같이 설치해야 한다.

```
pip install matplotlib
```

한번 설치한 후에는 다음과 같이 아래 모듈인 pyplot을 불러와 plt라는 별칭으로 임포트해 사용하는 것이 관례이다.

```
import matplotlib.pyplot as plt
```

선 그래프

다음은 10일 동안의 서울의 최저 기온을 그래프로 그리는 프로그램이다.

```
import matplotlib.pyplot as plt

plt.plot([0, 1, 1, 2, 2, 2, -2, -5, -7, -4])
plt.show()
```

리스트의 요소값이 온도를 나타낸다. x축에 해당하는 리스트값을 주지 않았기 때문에 리스트의 기본 인덱스 값을 그래프에 출력하게 된다. plt.show()는 그래프를 화면에 보여주는 함수이다. 위 프로그램을 실행하면 그림 10.1과 같은 결과를 얻는다.

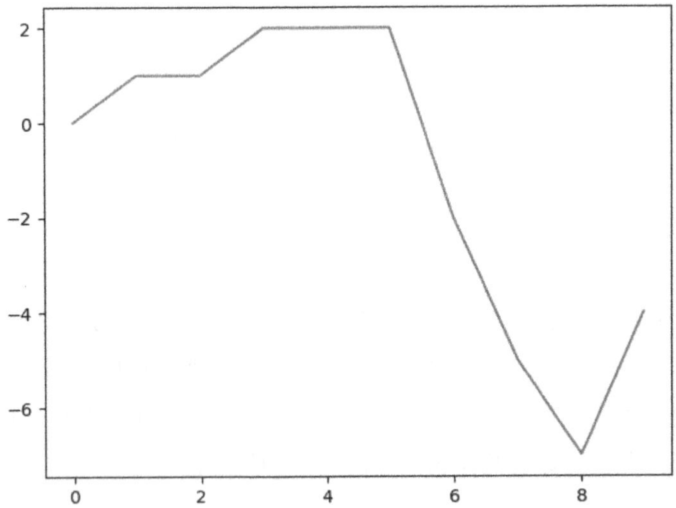

그림 10.1: 서울의 최저 기온

x축에 의미있는 값인 2월 1일부터 2월 10일까지 날짜가 입력된 다음과 같이 수정된 프로그램을 실행해 보자.

```
import matplotlib.pyplot as plt

X = ['2.1','2.2','2.3','2.4','2.5','2.6','2.7','2.8','2.9','2.10']
Y = [0, 1, 1, 2, 2, 2, -2, -5, -7, -4]
plt.plot(X, Y)
plt.show()
```

결과가 어떻게 달라지는 지 직접 확인해 보자.

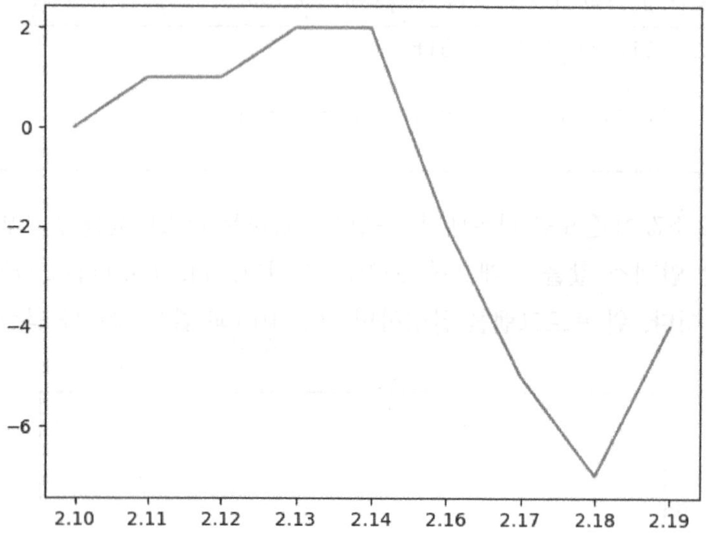

그림 10.2: 서울의 최저 기온(2월 1일 – 2월 10일)

다른 도시인 울산의 기온을 추가해 한 그림에 두 개의 그래프를 그리도록 하고, 조금 더 의미있는 그래프가 되도록 각 축에 레이블을 붙이고, 제목과 범례legend 등의 다양한 정보를 넣어보자. 범례는 두 선의 의미를 나타내는 것이다. 제목을 넣으려면 plt.title() 함수를 사용하고, 범례를 넣으려면 plt.plot() 함수에 label을 붙여준 후 plt.legend() 함수를 사용한다.

프로그램 10.1: 두 데이터를 중첩해 한 화면에 그리는 프로그램

```
import matplotlib.pyplot as plt

X = ['2.1','2.2','2.3','2.4','2.5','2.6','2.7','2.8','2.9','2.10']
Y1 = [0,1,1,2,2,2,-2,-5,-7,-4]                # 서울의 기온
Y2 = [-1,2,2,3,5,5,2,-1,-4,-2]                # 울산의 기온
plt.title('Temperatures of Seoul & Ulsan') # 그래프의 제목
plt.xlabel('day')                             # x축의 레이블
plt.ylabel('temperature')                     # y축의 레이블
plt.plot(X, Y1, label='Seoul')                # Y1 : Seoul
plt.plot(X, Y2, label='Ulsan')                # Y2 : Ulsan
```

```
plt.legend(loc='lower left')                    # 범례의 위치는 아래 왼쪽
plt.show()
```

이 프로그램을 실행해 나온 결과가 그림 10.3이다. 위의 소스와 아래의 결과를 비교하면서 함수가 어떻게 사용되는 지 확인해 볼 수 있다.

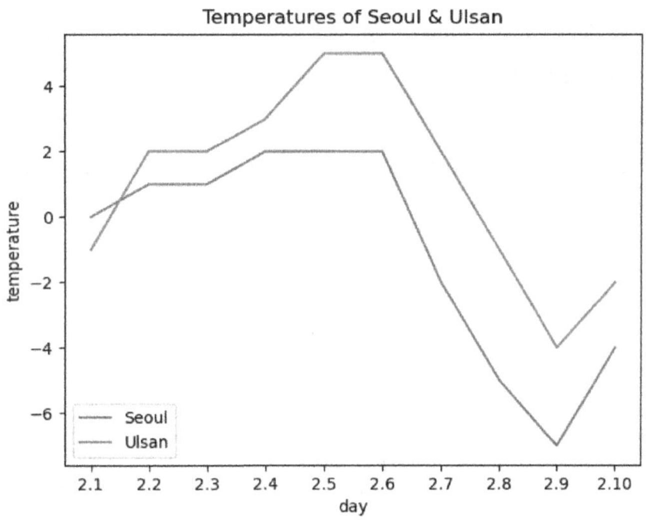

그림 10.3: 서울과 울산의 최저 기온

여러 개의 그래프를 하나로 통합해 그리고 싶을 때는 subplot 함수를 사용하면 된다.

프로그램 10.2: 4 종류의 데이터를 각각의 화면에 그린 후 한 그림에 포함하는 프로그램

```
import matplotlib.pyplot as plt

x = [i for i in range(-10, 11)]

y1 = [-x for x in range(-10, 11)]
y2 = [x*x for x in range(-10, 11)]
y3 = [x**3 for x in range(-10, 11)]
y4 = [x for x in range(-10, 11)]

plt.subplot(2,2,1) #2행 2열 중에 1번째
plt.plot(x, y1)
plt.subplot(2,2,2) #2행 2열 중에 2번째
```

```
plt.plot(x, y2)
plt.subplot(2,2,3) #2행 2열 중에 3번째
plt.plot(x, y3)
plt.subplot(2,2,4) #2행 2열 중에 4번째
plt.plot(x, y4)

plt.show()
```

이 프로그램은 네 개의 그래프 $y = -x$, $y = x^2$, $y = x^3$, $y = x$를 그리고 그것들을 한 그림에 포함하는 것이다. 실행 결과는 다음과 같다.

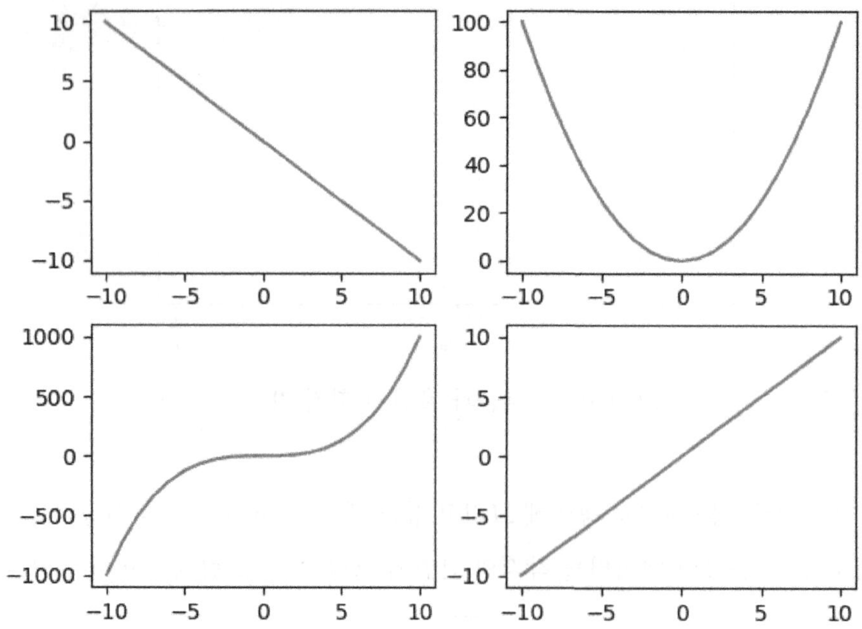

그림 10.4: subplot 사용하기

점 그래프

matplotlib을 이용해 데이터를 다양한 모양으로 그리는 방법에 대해 알아 보자. 다음은 데이터를 표시하는 점과 연결선의 모양 및 색상을 다르게 해 그리는 프로그램이다.

프로그램 10.3: 다양한 점과 연결선의 모양 및 색상을 이용한 프로그램

```
import matplotlib.pyplot as plt

X = ['2.6','2.7','2.8','2.9','2.10']
Y = [2,-2,-5,-7,-4]
# supported parameters:
# color : 'red','blue','green','cyan','black',...
# markers : 's','p','h','*',...
# linestyle :
# '-','--','-.',':','None',' ','','solid','dashed','dashdot','dotted'
plt.subplot(221)
plt.plot(X, Y, color='red', marker='s', linestyle='solid')
plt.subplot(222)
plt.plot(X, Y, color='blue', marker='p', ls='dashed')
plt.subplot(223)
plt.plot(X, Y, color='green', marker='h', ls='-.')
plt.subplot(224)
plt.plot(X, Y, color='cyan', marker='*', ls=':')

plt.show()
```

점의 모양은 marker에, 연결선의 모양은 linestyle(또는 ls) 에, 색상은 color에 여러 값을 부여하는 방법으로 그래프를 다르게 표현할 수 있다.

이 프로그램의 실행 결과는 다음과 같다.

막대 그래프

막대 그래프는 plt.bar(X, Y) 함수를 이용해 다음과 같이 작성된 프로그램으로 간단히 그릴 수 있다. 실행해 결과를 확인해 보자.

```
import matplotlib.pyplot as plt

X = ['2.2','2.3','2.4','2.5','2.6','2.7','2.8','2.9','2.10']
Y = [1, 1, 2, 2, 2, -2, -5, -7, -4]
plt.bar(X, Y)
plt.show()
```

다음은 여러 pyplot 함수를 간단히 정리한 것이다.

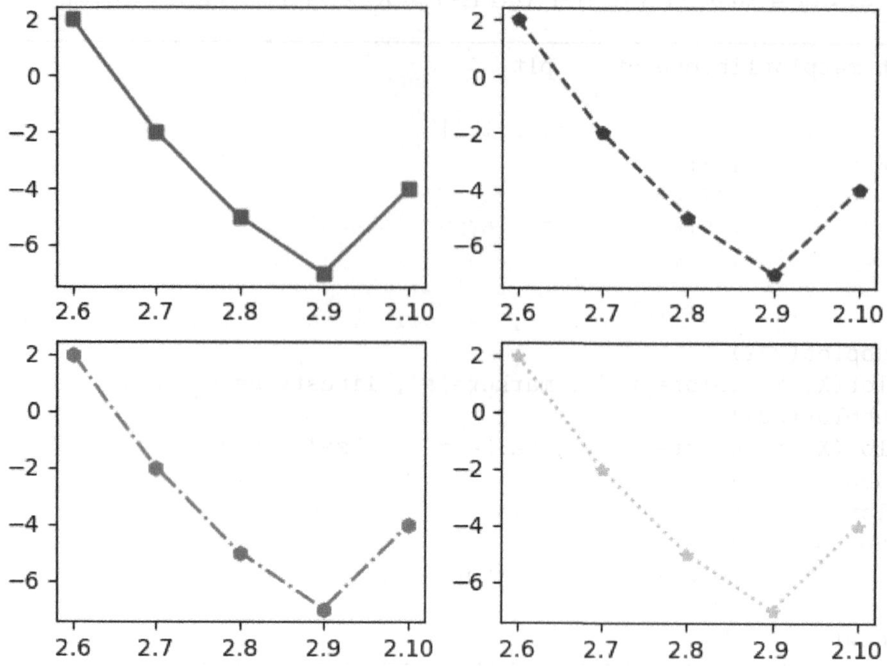

그림 10.5: 여러 다양한 그래프

```
plot() : 데이터 출력함수
subplot() : 여러 그래프 출력함수
legend() : 범례 출력
title() : 제목 출력
savefig() : 파일로 저장 #plt.savefig('test.png', dpi=600)
xlabel() : x축 레이블 표시
ylabel() : y축 레이블 표시
show() : 화면에 표시하기
bar() : 막대 그래프 그리기
```

더 자세한 사용법은 다음 주소를 참고바람.

- `https://matplotlib.org/` : matplotlib의 홈페이지
- `https://matplotlib.org/tutorials/index.html` : matplotlib의 튜토리얼
- `https://matplotlib.org/gallery/index.html` : 다양한 예제

10.4 판다스

판다스(Pandas)는 Panel Data의 줄인 말로 엑셀과 같은 스프레드시트 데이터 등을 빠르고 유연하게 처리하는 자료 구조를 제공해 데이터 분석/연산 도구로 사용되는 오픈소스 파이썬 라이브러리이다[20].

데이터 과학자와 개발자들은 2차원 행렬 형태의 데이터를 많이 사용하는 데, 데이터의 각 요소와 행과 열에 쉽게 접근해 처리할 수 있기 때문이다. 판다스는 내부적으로 넘파이를 사용하며 pyplot과도 연동되어 쉽게 그림을 그릴 수 있다.

판다스의 자료구조

판다스에서 자주 사용되는 자료 구조는 다음과 같다.(그림 10.6 참조)

- 시리즈(Series) : 같은 유형의 데이터를 저장하는 1차원 배열(그림에서 column으로 표시된 것 중 옅은 회색 부분)
- 데이터 프레임(DataFrame) : 2차원 데이터 전체(그림 전체. 그림에서 옅은 회색 + 짙은 회색으로 표시된 부분)
- index : 행들의 레이블(label)(그림에서 왼쪽의 짙은 회색 5개)
- column : 열들의 레이블(그림에서 윗쪽의 짙은 회색 4개)

객체 만들기

Series 만들기

Series는 같은 유형의 데이터를 저장하는 1차원 배열로 요소는 모든 데이터 유형(정수, 문자열, 부동 소수점 숫자, 파이썬 객체 등)이 가능하다.

Series를 만드는 방법은 다음과 같은 데, data는 파이썬 리스트, 넘파이 ndarray, 스칼라 값(예 : 5)일 수 있다.

```
s = pd.Series(data, index=index)
```

사용 예를 보면 다음과 같이 index 없이 파이썬 리스트를 넘겨 Series를 만들 수 있고, index를 사용해 만드는 것도 가능하다.

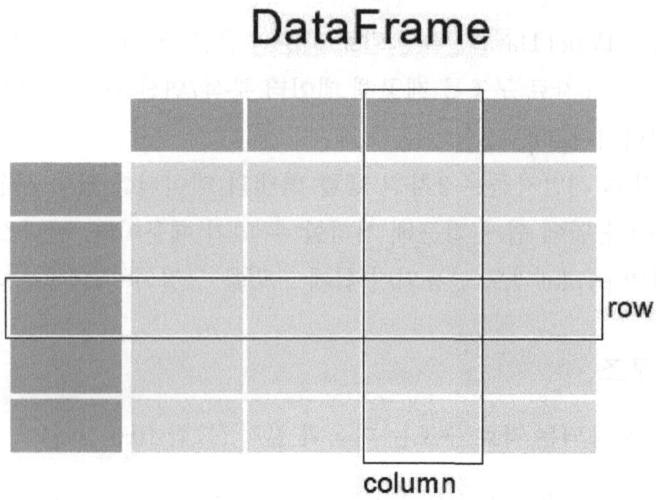

그림 10.6: 판다스의 DataFrame

```
>>> import pandas as pd

>>> s1 = pd.Series([1, 3, 5, 6, 8]) #
>>> s1
0    1
1    3
2    5
3    6
4    8
dtype: int64
>>> s2=pd.Series(np.random.randn(5),index=["a","b","c","d","e"])
>>> s2
a   -0.622819
b   -0.091293
c   -0.084607
d    0.581028
e    0.319657
dtype: float64
```

DataFrame 만들기

1. 인덱스와 레이블이 지정된 열이있는 넘파이 배열을 전달하여 생성 :

```
>>> dates = pd.date_range("20130101", periods=6)
>>> dates
DatetimeIndex(['2013-01-01','2013-01-02','2013-01-03','2013-01-04',
               '2013-01-05', '2013-01-06'],
              dtype='datetime64[ns]', freq='D')
>>> df = pd.DataFrame(np.random.randn(6,4),index=dates,
columns=list("ABCD"))
>>> df
                   A         B         C         D
2013-01-01 -1.613886 -1.153896 -2.042397 -0.795376
2013-01-02  0.997050 -1.586462  1.414753  1.271554
2013-01-03  0.369291 -0.577661  0.463598  0.203631
2013-01-04  1.576913 -0.103893 -0.531682 -0.543607
2013-01-05  0.499469 -0.952779 -0.216573  0.351447
2013-01-06  1.061645 -1.398918  0.457127  0.280485
```

2. 딕셔너리 객체를 넘겨 DataFrame을 만들 수도 있다.

```
>>> df2 = pd.DataFrame(
        {
        "A": 1.0,
        "B": pd.Timestamp("20130102"),
        "C": pd.Series(1, index=list(range(4)), dtype="float32"),
        "D": np.array([3] * 4, dtype="int32"),
        "E": pd.Categorical(["test", "train", "test", "train"]),
        "F": "foo",
        }
        )
>>> df2
     A          B    C  D      E    F
0  1.0 2013-01-02  1.0  3   test  foo
1  1.0 2013-01-02  1.0  3  train  foo
2  1.0 2013-01-02  1.0  3   test  foo
3  1.0 2013-01-02  1.0  3  train  foo
>>>
```

결과 DataFrame의 컬럼이 다음과 같이 다른 dtypes일 수 있다.

```
>>> df2.dtypes
A           float64
```

```
B    datetime64[ns]
C           float32
D             int32
E          category
F            object
dtype: object
```

3. csv 파일로부터 읽어 오기

이미 생성된 csv 파일로부터 데이터를 읽어 DataFrame을 만들 수 있다. 예를 들어 다음과 같은 학생정보가 담겨있는 csv 파일의 이름이 student.csv라 하면

```
Sid,name,year,month,day,gpa,programming,math
2016123,Lee,1997,1,23,4.01,95,80
2020123,Kim,1996,3,19,3.87,89,82
2018345,Seo,1999,2,28,3.82,80,82
2017324,Park,1998,4,11,3.98,89,78
2019214,Jung,2000,5,21,2.98,74,81
2016023,Lee,1997,6,23,4.01,95,80
2020193,Kim,1996,7,19,3.32,89,82
2018145,Choi,1999,12,30,3.02,80,82
2017394,Park,1998,3,12,3.29,88,78
2019284,Jung,2000,5,21,3.01,74,81
```

read_csv() 함수를 이용해 csv 파일로 저장된 데이터를 판다스 DataFrame으로 읽어 올 수 있다.

```
>>> df3 = pd.read_csv('student.csv')

>>> df3
       Sid  name  year  month  day   gpa  programming  math
0  2016123   Lee  1997      1   23  4.01           95    80
1  2020123   Kim  1996      3   19  3.87           89    82
2  2018345   Seo  1999      2   28  3.82           80    82
3  2017324  Park  1998      4   11  3.98           89    78
4  2019214  Jung  2000      5   21  2.98           74    81
5  2016023   Lee  1997      6   23  4.01           95    80
6  2020193   Kim  1996      7   19  3.32           89    82
7  2018145  Choi  1999     12   30  3.02           80    82
8  2017394  Park  1998      3   12  3.29           88    78
9  2019284  Jung  2000      5   21  3.01           74    81
```

데이터 보기/확인하기

다음과 같이 head() 또는 tail() 함수를 이용해 데이터의 앞 또는 뒤의 부분을 출력할 수 있다.(기본 인수는 5)

```
>>> df.head()
                   A         B         C         D
2013-01-01 -1.613886 -1.153896 -2.042397 -0.795376
2013-01-02  0.997050 -1.586462  1.414753  1.271554
2013-01-03  0.369291 -0.577661  0.463598  0.203631
2013-01-04  1.576913 -0.103893 -0.531682 -0.543607
2013-01-05  0.499469 -0.952779 -0.216573  0.351447

>>> df.tail(3)
                   A         B         C         D
2013-01-04  1.576913 -0.103893 -0.531682 -0.543607
2013-01-05  0.499469 -0.952779 -0.216573  0.351447
2013-01-06  1.061645 -1.398918  0.457127  0.280485
```

index와 column도 확인 가능하다.

```
>>> df.index
DatetimeIndex(['2013-01-01','2013-01-02','2013-01-03','2013-01-04',
               '2013-01-05', '2013-01-06'],
              dtype='datetime64[ns]', freq='D')
>>> df.columns
Index(['A', 'B', 'C', 'D'], dtype='object')
```

DataFrame.to_numpy()는 데이터를 넘파이 데이터로 변환한다. 넘파이 배열에는 전체 배열에 대해 하나의 dtype이 있는 반면, 판다스 DataFrame에는 열당 하나의 dtype이 있다.

df는 실수값만 있으므로 연산이 빠른 반면, df2에는 여러 dtype이 있으므로 연산이 상대적으로 느리다.

```
>>> df.to_numpy()
array([[-1.61388577, -1.15389577, -2.04239732, -0.79537623],
       [ 0.99704956, -1.58646218,  1.41475277,  1.27155439],
       [ 0.36929071, -0.57766101,  0.46359778,  0.20363124],
       [ 1.57691295, -0.10389287, -0.53168166, -0.54360719],
       [ 0.49946937, -0.95277902, -0.21657318,  0.35144691],
       [ 1.06164538, -1.39891758,  0.4571269 ,  0.28048489]])
```

```
>>> df2.to_numpy()
array([[1.0,Timestamp('2013-01-02 00:00:00'),1.0,3,'test','foo'],
       [1.0,Timestamp('2013-01-02 00:00:00'),1.0,3,'train','foo'],
       [1.0,Timestamp('2013-01-02 00:00:00'),1.0,3,'test','foo'],
       [1.0,Timestamp('2013-01-02 00:00:00'),1.0,3,'train','foo']],
      dtype=object)
```

DataFrame.to_numpy() 연산은 index와 column 레이블을 포함하지 않는다.

```
>>> df.describe()
              A         B         C         D
count  6.000000  6.000000  6.000000  6.000000
mean   0.481747 -0.962268 -0.075862  0.128022
std    1.114078  0.548055  1.174041  0.733525
min   -1.613886 -1.586462 -2.042397 -0.795376
25%    0.401835 -1.337662 -0.452905 -0.356798
50%    0.748259 -1.053337  0.120277  0.242058
75%    1.045496 -0.671441  0.461980  0.333706
max    1.576913 -0.103893  1.414753  1.271554
```

```
>>> df.T

  2013-01-01 2013-01-02 2013-01-03 2013-01-04 2013-01-05 2013-01-06
A   -1.613886   0.997050   0.369291   1.576913   0.499469   1.061645
B   -1.153896  -1.586462  -0.577661  -0.103893  -0.952779  -1.398918
C   -2.042397   1.414753   0.463598  -0.531682  -0.216573   0.457127
D   -0.795376   1.271554   0.203631  -0.543607   0.351447   0.280485
>>> df.sort_index(axis=1, ascending=False)

                   D         C         B         A
2013-01-01 -0.795376 -2.042397 -1.153896 -1.613886
2013-01-02  1.271554  1.414753 -1.586462  0.997050
2013-01-03  0.203631  0.463598 -0.577661  0.369291
2013-01-04 -0.543607 -0.531682 -0.103893  1.576913
2013-01-05  0.351447 -0.216573 -0.952779  0.499469
2013-01-06  0.280485  0.457127 -1.398918  1.061645
>>> df.sort_values(by="B")

                   A         B         C         D
2013-01-02  0.997050 -1.586462  1.414753  1.271554
2013-01-06  1.061645 -1.398918  0.457127  0.280485
2013-01-01 -1.613886 -1.153896 -2.042397 -0.795376
2013-01-05  0.499469 -0.952779 -0.216573  0.351447
```

```
2013-01-03  0.369291 -0.577661  0.463598  0.203631
2013-01-04  1.576913 -0.103893 -0.531682 -0.543607
```

DataFrame 저장하기

DataFrame을 csv 파일로 저장하려면 `DataFrame.to_csv()` 함수를, 엑셀 파일로 저장하려면 `DataFrame.to_excel()` 함수를 사용한다.

```
df2.to_csv()
df2.to_excel("fileName.xlsx", sheet_name="Sheet1")
```

판다스 체험하기

(이 절의 내용은 판다스 웹페이지의 튜토리얼에서 발췌, 요약한 것이며 사용하는 타이타닉 데이터는 판다스 웹페이지의 튜토리얼 페이지[23]에서 가져올 수 있다. 실제 데이터는 [24] 참조)

CSV 파일로 제공되는 Titanic 승객 데이터를 분석해 보자.

`read_csv()` 함수는 csv 파일로 저장된 데이터를 판다스 DataFrame으로 읽는 기능을 제공한다.

csv 파일을 준비한 후 그 파일이 있는 곳에서 셀을 열고 다음을 실행한다.

```
>>> import pandas as pd
>>> titanic = pd.read_csv('titanic.csv')
```

데이터를 읽은 후에는 항상 데이터를 확인하는 습관을 갖자.

```
>>> titanic
     PassengerId  Survived  Pclass  ...     Fare Cabin  Embarked
0              1         0       3  ...   7.2500   NaN         S
1              2         1       1  ...  71.2833   C85         C
2              3         1       3  ...   7.9250   NaN         S
3              4         1       1  ...  53.1000  C123         S
4              5         0       3  ...   8.0500   NaN         S
..           ...       ...     ...  ...      ...   ...       ...
886          887         0       2  ...  13.0000   NaN         S
887          888         1       1  ...  30.0000   B42         S
888          889         0       3  ...  23.4500   NaN         S
889          890         1       1  ...  30.0000  C148         C
```

```
890            891     0     3  ...  7.7500  NaN       Q

[891 rows x 12 columns]
```

DataFrame를 표시하면 기본적으로 처음과 마지막의 5개 행이 표시된다. (DataFrame의 처음 8개 행을 보고 싶으면 titanic.head(8) 으로, 마지막 10개 행은 titanic.tail(10) 로 볼 수 있다.)

일부분이 보이지 않으니 텍스트 에디터로 확인해 본 첫 라인의 내용은 다음과 같다.

```
PassengerId,Survived,Pclass,Name,Sex,Age,SibSp,Parch,Ticket,Fare,
Cabin,Embarked
```

이 정보의 의미는 다음과 같다.

```
PassengerId: Id of every passenger.
Survived: value 0 and 1. 0 for not survived and 1 for survived.
Pclass: There are 3 classes: Class 1, Class 2 and Class 3.
Name: Name of passenger.
Sex: Gender of passenger.
Age: Age of passenger.
SibSp: Indication that passenger have siblings and spouse.
Parch: Whether a passenger is alone or have family.
Ticket: Ticket number of passenger.
Fare: Indicating the fare.
Cabin: The cabin of passenger.    # 선실
Embarked: The embarked category. # 탑승한 지역
```

판다스 dtypes 속성을 이용해 판다스가 각 열 데이터 유형을 해석하는 방법을 확인할 수 있다 .

```
>>> titanic.dtypes
PassengerId      int64
Survived         int64
Pclass           int64
Name            object
Sex             object
Age            float64
SibSp            int64
Parch            int64
Ticket          object
Fare           float64
```

```
Cabin           object
Embarked        object
dtype: object
```

Titanic 데이터를 엑셀로 저장하려면 다음과 같이 한다. index=False로 설정하면 row index 레이블이 스프레드 시트에 저장되지 않는다.

```
>>> titanic.to_excel("titanic.xlsx", sheet_name="passengers",
index=False)
```

info() 메소드를 이용해 DataFrame에 대한 기술 정보를 확인해 보자.

```
>>> titanic.info()
<class 'pandas.core.frame.DataFrame'>
RangeIndex: 891 entries, 0 to 890
Data columns (total 12 columns):
 #   Column       Non-Null Count  Dtype
---  ------       --------------  -----
 0   PassengerId  891 non-null    int64
 1   Survived     891 non-null    int64
 2   Pclass       891 non-null    int64
 3   Name         891 non-null    object
 4   Sex          891 non-null    object
 5   Age          714 non-null    float64
 6   SibSp        891 non-null    int64
 7   Parch        891 non-null    int64
 8   Ticket       891 non-null    object
 9   Fare         891 non-null    float64
 10  Cabin        204 non-null    object
 11  Embarked     889 non-null    object
dtypes: float64(2), int64(5), object(5)
memory usage: 66.2+ KB
```

891개의 항목이 들어 있는 891개의 행이 있고 각 행에는 index0에서 890 사이의 값을 가진 행 레이블이 있다. 12개의 열은 5개의 정수열, 2개의 실수열, 5개의 문자열의 열로 구성되어 있다. 대부분의 열에는 각 행에 대한 값이 있고(891 개 값 모두 non-null), 일부 열(Age, Cabin, Embarked)에는 결측값이 있다.

DataFrame의 하위 집합이나 특정 열의 선택

승객의 나이만을 출력하려면 다음과 같이 대괄호 [ ]를 사용해 특정 컬럼을 선택한다. DataFrame의 각 컬럼은 Series라고 한다.

```
>>> ages = titanic["Age"]
>>> ages.head(4)
0     22.0
1     38.0
2     26.0
3     35.0
Name: Age, dtype: float64
```

단일 컬럼을 선택하면 반환되는 객체는 판다스의 Series이다. 다음과 같이 출력 유형을 확인할 수 있다.

```
>>> type(titanic["Age"])
<class 'pandas.core.series.Series'>
```

타이타닉 승객의 나이와 성별을 알고 싶으면, 대괄호 [ ] 안에 관련된 열 이름의 리스트를 사용한다. 내부 대괄호는 열 이름이 있는 파이썬 리스트이고, 외부 대괄호는 DataFrame의 이전 예제에서 볼 수 있듯이 판다스에서 데이터를 선택하는 데 사용된다. 이때 반환되는 데이터 유형은 판다스 DataFrame이고, 891개의 행과 2개의 열이 있다는 것을 알 수 있다.

```
>>> age_sex = titanic[["Age", "Sex"]]
>>> age_sex.head()
    Age     Sex
0  22.0    male
1  38.0  female
2  26.0  female
3  35.0  female
4  35.0    male

>>> type(titanic[["Age", "Sex"]])
<class 'pandas.core.frame.DataFrame'>
>>> titanic[["Age", "Sex"]].shape
(891, 2)
```

특정 행을 필터링하려면??

36세 이상의 승객을 출력하려면 어떻게 해야 하는가? 조건식을 기반으로 행을 선택하려면 선택 괄호 [ ] 안에 `titanic["Age"] > 35`의 조건을 사용한다.

```
>>> above_35 = titanic[titanic["Age"] > 35]
>>> above_35.head()

    PassengerId  Survived  Pclass  ...     Fare Cabin  Embarked
1             2         1       1  ...  71.2833   C85         C
6             7         0       1  ...  51.8625   E46         S
11           12         1       1  ...  26.5500  C103         S
13           14         0       3  ...  31.2750   NaN         S
15           16         1       2  ...  16.0000   NaN         S

[5 rows x 12 columns]
```

객실의 클래스 2와 3의 타이타닉 승객을 추출해 보자.

```
>>> class_23 = titanic[titanic["Pclass"].isin([2, 3])]
>>> class_23.head()
   PassengerId  Survived  Pclass  ...     Fare Cabin  Embarked
0            1         0       3  ...   7.2500   NaN         S
2            3         1       3  ...   7.9250   NaN         S
4            5         0       3  ...   8.0500   NaN         S
5            6         0       3  ...   8.4583   NaN         Q
7            8         0       3  ...  21.0750   NaN         S

[5 rows x 12 columns]
```

선택 괄호 안의 조건인 `titanic["Pclass"].isin([2, 3])`은 Pclass 열이 2 또는 3인 행을 확인하면 Ture를 반환해 그 행을 반환한다. 위의 첫 문장 대신 다음과 같이 사용해도 결과는 같다.

```
class_23 = titanic[(titanic["Pclass"]==2) | (titanic["Pclass"]==3)]
```

더 자세한 사용법은 다음 주소를 참고바람.

https://pandas.pydata.org/ 판다스 웹페이지 https://pandas.pydata.org/docs/user_guide/index.html 사용자 가이드 https://pandas.pydata.org/Pandas_Cheat_Sheet.pdf 치트 시트

10.5 워드 클라우드

워드 클라우드(word cloud)는 문서에 들어있는 단어들의 빈도수를 파악해서 빈도수가 높은 단어는 상대적으로 더 크게, 빈도수가 낮은 단어는 상대적으로 더 작게 표현하는 텍스트 데이터 시각화 기술이다. 이것을 이용하면 텍스트의 중요한 핵심 정보를 쉽게 보여줄 수 있다.

파이썬에서 워드 클라우드를 만들어 출력하려면 wordcloud 모듈과 matplotlib 모듈이 있어야 한다. matplotlib은 이미 설치되어 있으니 wordcloud 모듈만 새로 설치하면 된다. 다음 명령으로 모듈을 설치한다.

```
pip install wordcloud
```

워드 클라우드를 만들려면 텍스트 데이터가 필요하다. 직접 만들어 사용할 수도 있고, 다른 데서 가져오는 방법도 있는 데, 먼저 직접 만들어 사용해 보자. 프로그램 10.4는 임의의 원하는 문자열로 텍스트를 만들어 실행하는 방법이다.

프로그램 10.4: `word cloud`를 사용한 프로그램(주어진 텍스트 이용)

```
from wordcloud import WordCloud
import matplotlib.pyplot as plt

text="프로 자바 파이썬 원하는 프로 파이썬 파이썬 프로 자바 문자열 자바 파이썬 문자열
↪   파이썬 프로"
FONT = 'font/NanumGothic.ttf'   # for 한글
wordcloud = WordCloud(width=1000, height=750, font_path=FONT,
↪   background_color='white').generate(text)
plt.figure(figsize=(40,30))
plt.imshow(wordcloud)
plt.show()
```

width와 height는 생성될 워드 클라우드 이미지의 가로와 세로를 픽셀로 나타낸 것이다. 숫자가 너무 작으면 해상도가 떨어진다. 한글이 제대로 표시되면 폰트를 지정해 줘야 한다. generate() 함수를 호출해 텍스트 데이터를 인자로 넘긴 다음 마지막으로 matplotlib의 이미지 그리기 함수인 imshow()를 이용해 워드 클라우드 이미지를 화면에 그린다. 실행 결과는 그림 10.7과 같다.

그림 10.7: 주어진 텍스트의 가시화 출력 예

이번에는 텍스트를 준비하기 위해 위키백과의 내용을 가져오는 wikipedia 모듈을 사용해 보자. 이를 사용하기 위해서는 pip install wikipedia 명령으로 wikipedia 모듈을 먼저 설치한다.

그 다음 아래와 같이 wikipedia.page()에 검색할 단어를 주어 그 단어에 해당하는 위키백과 페이지를 얻는다. 이때 검색할 단어를 모호하게 주면 오류가 나올 수도 있으니 미리 테스트해 보길 권장한다. 검색 단어를 corona로 하였더니, 긴 오류 메세지가 나오면서 결과를 얻을 수 없었다.

```
>>> import wikipedia
>>> wk = wikipedia.page('corona')

Warning (from warnings module):
  File "C:\Python\Python39\lib\site-packages\wikipedia\wikipedia.py",
    lis = BeautifulSoup(html).find_all('li')
GuessedAtParserWarning: No parser was explicitly specified, ...
```

이번에는 검색 키워드를 COVID-19를 사용했더니 오류없이 다음과 같은 결과를 얻었다.

```
>>> wk = wikipedia.page('COVID-19')
>>> wk
<WikipediaPage 'Coronavirus disease 2019'>
```

다음은 이 페이지의 텍스트 내용을 추출하려 한다. 다음과 같이 추출해 내용을 확인하려고 하니 내용을 감춘다.(Squeezed text 부분을 더블 클릭하면 내용을 확인할 수 있음)

```
>>> text = wk.content
>>> text
Squeezed text (877 lines).
```

이제 텍스트 내용이 준비되었으니, 앞에서 한 것과 유사하게 표시하면 된다.

프로그램 10.5: `word cloud`를 사용한 프로그램(위키피디아 데이터 이용

```
import wikipedia
import matplotlib.pyplot as plt
from wordcloud import WordCloud, STOPWORDS

wk = wikipedia.page('COVID-19')
text = wk.content

wordcloud = WordCloud(width=1000, height=750).generate(text)

plt.figure(figsize=(40,30))
plt.imshow(wordcloud)
plt.show()
```

그림 10.8은 COVID-19를 키워드로 주어 얻은 결과인데, 워드 클라우드가 잘 그려진 것을 알 수 있다.

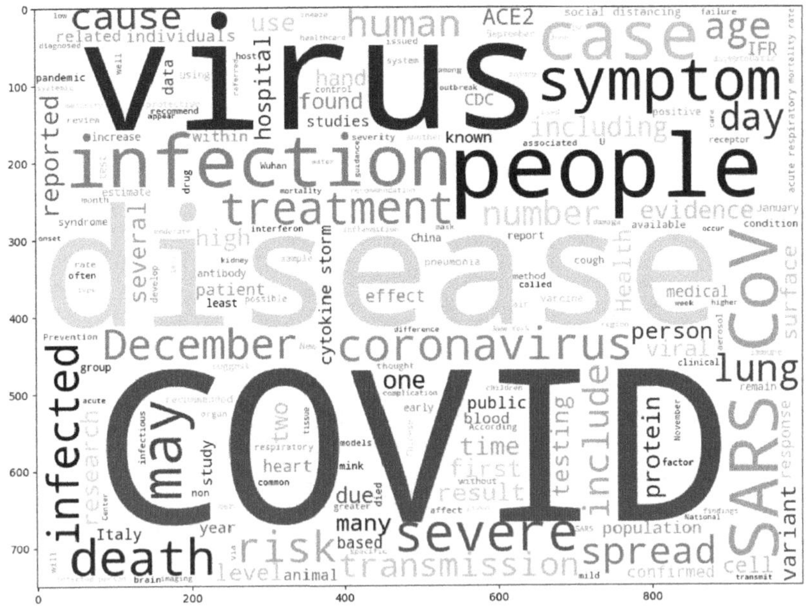

그림 10.8: 위키피디아 데이터의 가시화 출력 예

연습문제

1. arange() 함수를 이용해 1–24까지의 정수 요소를 갖는 1차원 배열을 만들고, 이 배열을 reshape() 함수를 이용해 3행 4열 2채널의 3차원 배열로 변경한 다음 내용을 출력해 보라.
2. 두 데이터 A = [-1,2,-2,3,-1,5,2,-1,-4,-2] , B = [-1,2,2,3,6,5,2,-1,-4,-2]를 중첩해 한 화면에 그리는 프로그램을 작성하라.

프로그래밍 문제

1. 타이타닉 승객의 나이대 별 인원 현황(10년 단위)을 출력하는 프로그램을 작성하라.
2. 키워드 worldcup soccer를 이용해 워드 클라우드를 출력하는 프로그램을 작성하라.

참고 문헌

[1] 어서와 파이썬은 처음이지, 천인국, 인피니티북스, 2016

[2] 파이썬 for Beginner, 우재남, 한빛아카데미, 2017

[3] 데이터과학을 위한 파이썬 프로그래밍, 최성철, 한빛아카데미, 2019

[4] 파워유저를 위한 파이썬 Express, 천인국, 생능출판사, 2020

[5] 으뜸 파이썬, 박동규, 강영민, 생능출판사, 2020

[6] 따라하며 배우는 파이썬과 데이터과학, 천인국, 박동규, 강영민, 생능출판사, 2020

[7] 처음 시작하는 파이썬, 빌 루바노빅(최길우 번역), 한빛미디어, 2015

[8] `https://docs.python.org/3/tutorial/index.html`

[9] `https://docs.python.org/3/library/index.html`

[10] `https://docs.python.org/3/reference/index.html`

[11] `https://docs.python.org/3/reference/expressions.html`

[12] `https://numpy.org/` numpy의 홈페이지

[13] `https://numpy.org/devdocs/user/quickstart.html`

[14] `https://numpy.org/doc/stable/user/tutorials_index.html`

[15] https://numpy.org/doc/stable/user/absolute_beginners.html

[16] https://matplotlib.org/ matplotlib의 홈페이지

[17] https://matplotlib.org/tutorials/index.html matplotlib의 튜토리얼

[18] https://matplotlib.org/gallery/index.html 다양한 예제

[19] https://matplotlib.org/tutorials/introductory/pyplot.html pyplot 튜토리얼

[20] https://pandas.pydata.org/ 판다스 웹페이지

[21] https://pandas.pydata.org/docs/user_guide/index.html 사용자 가이드

[22] https://pandas.pydata.org/Pandas_Cheat_Sheet.pdf 판다스 치트 시트

[23] https://pandas.pydata.org/docs/getting_started/intro_tutorials/02_read_write.html

[24] https://github.com/pandas-dev/pandas/blob/master/doc/data/titanic.csv

찾아보기